꿈을 향한 31일간의 여행

Dreaming BIG

Dreaming BIG

꿈을 향한 31일간의 여행

밥 비엘 · 폴 스웨츠 지음 | 박영인 옮김

큰나무

꿈을 향한 31일간의 여행

초판 1쇄 인쇄 2012년 3월 12일
초판 1쇄 발행 2012년 3월 19일

지은이 밥 비엘, 폴 스웨츠
옮긴이 박영인
펴낸이 한익수
펴낸곳 도서출판 큰나무
등록 1993년 11월 30일 (제5-396호)
주소 410-360 경기도 고양시 일산동구 백석동 1455-4 1층
전화 031-903-1845
팩스 031-903-1854
이메일 btreepub@chol.com
블로그 blog.naver.com/btreepub

값 13,000원
ISBN 978-89-7891-271-6 (13320)

잘못 만들어진 책은 구입하신 서점에서 교환해 드립니다

값8,000원

내가 정말 꿈꿀 수 있을까?
내 꿈에 정말 희망이 남아 있을까?

주저하는 당신에게
이 책을 선물합니다

하늘을 날고 싶은 충동을 느낄 때
땅을 기어가는 것만으로는 결코 만족할 수 없다.
—헬렌 켈러

지금껏 이 책보다 더욱 구체적으로 '꿈을 좇는 방법'에 대해 이야기한 책은 본 적이 없다. 개인이든 조직이든 이 책을 읽은 사람은 고루한 일상에서 벗어나게 될 것이다.

_ 리치 디보스(NBA 올랜도 매직 팀 구단주 & 암웨이 공동 창업자)

오늘날 세계는 꿈꾸는 이들의 역동을 절실히 필요로 한다. 밥 비엘과 폴 스웨츠는 이 책을 통해, 많은 사람이 자신의 꿈을 찾고 실현하도록 도움을 준다.

_ 맥스 디프리(허먼 밀러 전 CEO)

내 아버지는 '홀리데이 인'을 전 세계적인 호텔 체인으로 성장시키려는 꿈이 있었고 마침내 이루었다. 꿈은 오직 자신의 것이다. 이 책은 누구나 꿈꿀 수 있고, 이룰 수 있음을 깨닫게 한다.

_ C. 케몬스 윌슨(케몬스 윌슨 컴퍼니 회장)

이 책의 저자들은 마음과 영혼을 울리는 글을 쓰고 있다. 이 책을 읽은 사람의 미래는 분명 변화될 것이다.

_ 팻 윌리엄스(올랜도 매직 팀 전무)

큰 꿈을 꾸자! 종이와 펜을 들고 이 책을 보자. 밥 비엘과 폴 스웨츠가 지금 당신을 에너지와 영감이 넘치는 꿈을 향한 31일간의 여행으로 안내할 것이다. 꿈틀거리는 열정에 불을 지필 준비가 되어 있는 사람이라면 반드시 읽어야 할 필독서!

_ 댄 T. 캐시(칙필에이 사장이자 최고 운영자)

이 책을 통해, 나는 지금껏 마음 한구석에 꿈을 숨기고 살았음을 알게 되었다. 이 책은 영세업자에게는 꿈을 크게 키울 가능성을 열어주고, 열정이 쉽게 꺼지지 않도록 돕는다. 회사의 중역에게는 뛰어난 능력의 인재를 선발하고, 그들의 꿈을 독려하며 능력을 최대치로 이끌어내는 비법을 알린다. 세계의 리더들에게는 왜 구성원들이 무기력한지 어째서 되는 대로 하루하루를 살아가는지 이해하도록 돕고, 그들을 열정적이고 진취적인 실천가로 만들 방법을 말한다. 변화를 바라는 이에게 추천하고 싶은 책!

_ 브렛 이즐리(오토존 Inc. 부회장)

이토록 멋진 책이 또 있을까! 한 장, 한 장 주옥같은 지혜가 깃들어 있어 좀처럼 눈을 뗄 수 없다. 성공한 삶 혹은 사업가를 꿈꾸는 이에게 청사진과 같은 책이다.

_ 밥 버그(《무한 인재 추천》 저자)

깨어 꿈꾸어라

지난 삶을 돌아보았을 때
지금 향하고 있는 방향이 마음에 드는가?

죽기 전, 이것만은 꼭 누려보고 싶은 꿈이 있습니까? 만약 그 꿈을 이루게 된다면 지금과 얼마나 다른 삶을 살아갈지 상상할 수 있습니까? 꿈은 놀라움 그 이상입니다.

우리는 사람들이 열정을 가지도록 돕고 싶습니다. 많은 사람이 눈을 크게 뜨고 꿈을 발견하고, 꿈을 다듬고, 꿈을 누리길 바랍니다. 당장 꿈을 이룰 수 없더라도, 크고 분명한 꿈을 가지고 있는 사람은 색다른 삶을 살아가고 있습니다. 그들은 언제든 다른 이에게 자신의 꿈을 자신 있게 말하고, 현재 있는 곳에서 어디든 가고 싶은 곳으로 자유롭게 이동하며, 매일 생기 있고 활기차게 생활하고 있습니다.

또한 꿈을 좇게 되면, 꿈을 성취하고 싶어 하는 사람들이 주위에 모여들게 됩니다. 당신으로부터 가르침을 얻고 꿈을 찾아가는 사람이 생길 것이고, 그 사람은 또 다른 누군가에게 있어 꿈의 스승이 될 것입니다. 이러한 관계가 엮이며 주위에는 함께 꿈을 향해 나아가는 멋진 동료와 친구, 사업상 파트너가 많아지게 될 것입니다.

이 책은 꿈을 좇는 여정을 그리고 있습니다. 새로운 꿈이 아닌 당신이 이미 지니고 있는 꿈입니다. 그것들을 한데 모아 단단한 기초를 마련할 수 있도록 도울 것입니다. 책은 총 31일로 나누어져 있지만 어떤 사람에게는 하루가 15분을 의미하기도 하고, 어떤 사람에게는 일주일을 의미하기도 합니다. 하루에 많은 시간을 투자할 수 없다고 부담을 느끼지 말고 천천히 여유를 가지고 시작하길 바랍니다. 매일 15분에서 30분 동안 이 책과 함께 '꿈을 향한 31일간의 여행'을 시작해 보세요. 그 무엇보다 값진 통찰력을 발휘할 기회를 얻게 될 것입니다. 그리고 31일간의 여행을 마친 다음에는 이 책보다 몇 배 가치 있는 개념을 갖게 될 것입니다.

> 아침에 눈을 뜬 순간부터 밤에 다시 눈을 감는 순간까지의 나의 모든 행동은 꿈과 관련되지 않은 것이 없다.
> —데이비드 젠

'꿈을 향한 31일간의 여행'의 개념을 최대한 활용하고 싶다면 다음의 옛말을 기억하세요.

나는 읽는다 → 나는 잊는다

나는 상상한다 → 나는 기억한다

나는 한다 → 나는 이해한다

나는 가르친다 → 나는 숙달된다

각 장의 끝에는 '마음 탐구'가 준비되어 있습니다. 몇 가지의 질문이 주어지는데, 그에 대한 답을 찾아가며 기존에 품고 있던 생각을 재고해 보세요. 빈칸에 직접 답을 작성하거나 여백에 생각을 정리해도 좋습니다. 질문에 대해 고민하고, 답을 작성하는 일은 꿈에 한 걸음 가까이 다가가는 데 많은 도움이 될 것입니다.

《꿈을 향한 31일간의 여행》은 다음의 두 가지 목표를 달성할 수 있도록 구성되었습니다.

- ▸ 꿈으로 에너지 충만하기
- ▸ 공동체 구성원에게 꿈에 대한 비전 보여주기.

꿈 찾기가 당신의 인생에 있어 가장 멋진 경험으로 남길 바랍니다.

밥 비엘, 폴 스웨츠

꿈 발굴하기

보라, 그러면 찾을 수 있을 것이다.
당신에게 감춰진 그것.
—소포클레스

이미 꿈이 있더라도, 아직 발견되지 않은 거대한 꿈이 당신 안 어딘가에 자리하고 있을
지도 모른다. 찾아나서라, 발굴하라.

미래 만들기

미래를 창조하는 데 꿈만 한 것이 없다
—빅토르 위고

꿈은 미래를 창조할 수 있는 역량을 불어넣는다

거의 모든 사람이 어린아이 때부터 꿈을 가집니다. 꿈을 꾸는 사람에게는 부정적인 목소리가 들리지 않습니다. 또한 지나간 실패에 좌절하지 않고, 일이 많다고 힘들어하지 않으며, 주위 사람의 기대에 버거워하지 않습니다. 꿈꾸는 사람은 자유롭게 미래를 그리고, 삶에 대한 활력으로 가득 차 있습니다.

'불꽃처럼 타오르는 열정적인 삶'을 엿본 적이 있나요? 그렇게 되는 것 또는 그러한 열정을 유지하기란 쉬운 일이 아닙니다. 과연 꿈을 좇는 과정이 내 삶에 실질적으로 어떤 도움이 될지도 의문입니다.

이 책에서 나는 당신에게 하나의 여정을 제시할 것입니다. 많은 사람들에게 검증을 거친 것이니 분명 당신에게도 효력이 있을 것입니다.

당신은 다시 꿈꿀 수 있습니다. 뿌연 안개를 헤치고, 수많은 장해물을 지나 마침내 꿈에 도달할 수 있습니다. 지금 용기를 내서 자신이 진정으로 원하는 미래를 그리고, 그 꿈을 분명하고 또렷한 모습으로 다듬어 나가세요.

나는 무엇을 원하는가?

나의 마음을 가만히 들여다보세요. 살면서 이루고 싶은 것이 무엇인가요? 마음이 흘러가는 대로 그저 있다 보면 답이 떠오를 것입니다. 마음에 와 닿는 대로 적어 보세요. 무엇을 어떻게 적어야 할지 고민이라면 다음의 예를 참고하세요.

- 새 차 혹은 새 집 마련하기
- 빚 청산하기
- 대학 학위 혹은 자격증 취득하기
- 결혼하기
- 가족과 함께 집에서 편히 쉬기
- 가장 친한 친구와 세계 일주하기
- 삶에 대한 통제력 갖기

- 친구 혹은 사업 파트너와 돈독한 관계 맺기
- 내 사업하기
- 어마어마한 수익이 나는 사업체 갖기
- 경제적으로 독립하기
- 개인적 · 경제적 · 직업적 근심에서 벗어나기
- 힘든 업무도 즐기기
- 가족과 3개월간 휴가 보내기
- 매일의 일상에서 평화와 목적 찾기
- 다른 사람의 인생을 변화시키기
- 10억을 모은 다음 절반 기부하기
- 한 번에 한 사람씩 시작해 세상을 변화시키기
- ___________________________________

현재의 삶에서 가장 중요한 것은 무엇인가요? 다른 사람의 기대 같은 것은 신경 쓰지 마세요. 이 책의 여백이나 수첩, 일기장 등에 자신의 생각을 메모해 보세요. www.Aylen.com/dreamingbig 에서 꿈에 대한 여러 질문과 목록, 마음 탐구 코너를 한데 모아둔 '꿈을 향한 31일간의 여행 도구함'을 무료로 다운받을 수도 있습니다.

DREAMING BIG
먼 훗날 연로해지실 부모님을 편히 쉬게 해드리고 싶다.
–주디스 스콧

여러 꿈을 살피다 보면, 목표로 잡을 수 있을 만한 꿈과 나의 진심에서 멀리 떨어진 꿈을 분류할 수 있습니다. 완성된 목록 정리법은 나중에 알아도 상관없습니다. 지금은 온갖 생각이 샘솟도록 내버려두는 편이 좋습니다.

나는 왜 원하는가?

당신이 꿈을 향해 달려가게 만드는 무엇이 있나요? 그 꿈은 나의 삶을, 다른 이의 삶을 얼마만큼 변화시킬 수 있을까요? 꿈을 이룬다는 건 어떤 기분일까요? 지금보다 더 많이 웃을 수 있을까요? 웃을 수 있다고 생각하나요? 그렇다면 어째서 그런가요? 나의 꿈이 왜 중요한지 적어 보세요.

당장 떠오르지 않아도 괜찮습니다. 조만간 다시 이 질문을 대면할 것입니다. 심리 치료사인 빅터 프랭클은 이렇게 말합니다.

"이유(동기)를 충분히 숙지하고 있는 사람은 어떤 상황에서도 어떻게든 견뎌낸다."•

프랭클은 제2차 세계대전 당시 강제수용소 시절, 이 간단한 말

• Victor Frankl, 《Man's Search for Meaning》(Boston: Beacon Hill Press, 1959), 11.

의 힘을 발견했습니다. 똑같은 상황에 처한 수용자 사이에서도 어떤 이는 살아남고, 어떤 이는 그렇지 못했습니다. 생존자를 만나 인터뷰한 결과 그들에게는 꼭 살아남아야 하는 이유가 있었습니다. 곧 그들은 사랑하는 가족, 나보다 더 소중한 누군가에 대한 책임감, 반드시 성취해야만 하는 꿈이 있었기에 고통을 견뎌냈습니다.

매주 100만 명 이상의 아이와 함께 일하는 조직인 AWANA의 이사인 데이비드 겐은 꿈이 중요한 이유를 잘 알고 있습니다. 그는 '왜' 꿈을 좇아야 하는지 자신에게 질문을 던지곤 했습니다.

하루는 데이비드에게 물어보았습니다.

"AWANA에서의 꿈이 당신에게 있어 아주 분명해졌던 날을 기억하십니까?"

데이비드는 자신의 꿈이 시작된 처음 순간을 이야기하며 무척 들떠 보였습니다.

"마치 흑백이었던 세상이 오색찬란한 색을 입었다고 할까요. 웃어야 할지 울어야 할지 아니면 소리를 질러야 할지 펄쩍 뛰어야 할지 도통 모르겠더라고요. 하지만 이 조직이 앞으로 어떤 방향으로 나아가야 할지는 분명히 알겠더군요. 꿈을 향해 작은 발걸음을 내딛을 때마다 나는 전율했습니다. 매일 무언가 새로운 일이 일어났고, 그때마다 난 말했어요. '좋아, 한 걸음 더!' 변화에 대한 보상이 무엇이든 상관없었어요. 어떤 것이든 더욱 힘을 널 수 있도록 나를 북돋웠으니까요. 꿈에 보상이 따르길 바란 적은 한 번도 없었어요, 단 한 번도!"

나는 어떻게 성취할 수 있는가?

꿈에 더욱 가까이 다가가기 위한 다음 단계는 무엇일까요? 아래 적힌 사항을 보세요.

- 나에게 꿈을 마음껏 펼칠 자유를 주기
- 미루거나 주저하지 말고 이 책을 읽기
- 삶과 미래에 대해 독창적으로 생각하기
- 매 장마다 나오는 질문과 마음 탐구에 성실히 답하기
- 꿈의 또렷한 윤곽이 그려질 때까지 인내하기

매 장의 끝에는 '마음 탐구'라는 질문이 들어갑니다. 이는 당신이 마음속에 자리하고 있는 꿈을 찾아내는 데 도움을 줄 것입니다. 질문에 답하는 동안 꼭 기억해야 할 것이 있습니다. '꿈을 향한 31일간의 여행'은 단지 과정일 뿐이라는 것입니다. 인내심을 가지고 자신의 마음속으로 들어가야 합니다. 삶에 있어 가장 중요한 것이 무엇인지 마음속에 떠오르는 있는 그대로를 믿으세요. 당신은 특별한 목적을 이루기 위해 세상에 태어났습니다. 그 특별한 임무가 무엇인지 찾아야 합니다. 발견해야 합니다.

마음 탐구

1. '나는 무엇을 원하는가?' 부분을 살피면서 어떤 꿈이 특히 중요하게
  다가왔나요?

2. 여러 가지의 꿈 중에 어느 하나라도 이루게 된다면 어떤 기분일까요?

3. 미래를 창조하기 위해 필요한 단계를 밟아나갈 건가요?

  네 □   아니요 □

모험의 시작

할 수 있는 건 뭐든 시작해라. 용기는 지혜와
에너지와 마법을 지니고 있다. 지금 당장 시작해라
－괴테

꿈을 향한 모험은 첫 번째 단계에서부터 시작된다

당신이 아기였을 때 첫걸음마를 타며 부모님을 기쁘게 했을 것입니다. 여러 번 넘어져도 벌떡 일어나 다시, 또다시 걸었을 것입니다. 그렇게 걸음마를 반복할수록 자신감을 얻게 되었고 걷고, 오르고, 뛰는 기쁨도 알게 되었을 것입니다. 이렇듯 삶은 모험의 연속입니다. 모험은 한번 맛보면 멈출 수 없을 정도로 즐거움이 있습니다.

'꿈을 향한 31일간의 여행' 역시 모험입니다. 주위에 온갖 위험이 도사리고 있지만 한편에는 기쁨도 함께 자리하고 있는 거칠고 오묘한 모험입니다. 기쁨은 성공에 대한 예감에서 옵니다. 하지만 그 과정은 명확하지도, 쉽지도, 체계적이지도 않습니다. 당신은 아마 꿈을 향한 여정에서 넘어지고 부딪히고 다칠 것입니다. 그렇지만 이 여정은 발견에 대한, 열정에 대한, 충만함에 대한 인간의 깊은 욕구를 반영한 것임을 기억하세요.

오늘은 모험의 여정을 대표하는 5개의 키워드를 이야기하겠습니다. 각 키워드는 꿈을 꾸는 것뿐 아니라 꿈꾸는 여정을 꾸준히 지속하는 데 용기를 불어넣어줄 것입니다. 이 여정에서 당신은 각 키워드에 담긴 지혜와 에너지와 마법을 깨닫게 될 것입니다.

낙담

'꿈을 향한 31일간의 여행'을 위해 가장 먼저 필요한 키워드는 바로 낙담입니다.

나에게는 11년간 무척 아름답고 또렷한 꿈이 있었습니다. 그 꿈을 이루기 위해 노력을 아끼지 않았습니다. 매일 아침 열정에 가득 차 눈을 떴고, 몇 시간씩 일을 해도 피곤을 느끼지 못했습니다. 밤늦도록 심지어 주말에 일할 때도 있었지만 불만은 없었습니다. 꿈이 있었으니까요.

마흔셋이 되었을 때, 친한 친구 2명이 내게 말했습니다.

"네 꿈은 실현될 가능성이 없어."

나는 그들이 한 이야기를 곧이곧대로 받아들였고, 내 꿈이 도

둑맞는 것을 바보같이 지켜만 보았습니다. 그 뒤로 5년간 내게
는 꿈이 없었고, 끊임없이 뿜어져 나오던 에너지도 사라졌습니
다. 매일 다이어트 콜라를 입에 달고 살았고, 하루하루 마지못해
일했습니다. 언제나 마음이 무겁고 삶이 지루했으며 일은 고되
고 따분했습니다.

그러던 어느 날, 히긴스 베일리라는 한 남자를 만났습니다. 그
는 나와 달리 에너지가 넘치는 사람이었습니다. 그가 내게 물었
습니다.

"우울해요?"

나는 곧바로 대답했습니다.

"네, 우울해요."

"왜 우울해요?"

"꿈이 없으니까요."

꿈의 빈자리를 의식하지는 못했지만 직감적으로 알고 있었던
모양입니다. 내게 꿈이 절실하다는 사실을요.

그가 나에게 말했습니다.

"꿈부터 찾아요. 그다음에 다시 나를 만나요."

나는 낙담의 시절의 토대로 다시 꿈을 찾아나설 수 있었습니다.

수백 만 달러의 수익을 창출하는 사업체의 CEO인 론 헤일의 강연을 들은 일이 있습니다. 그는 성공하는 법에 대해 이야기했는데, 그날 나는 귀를 활짝 열고 론의 말 하마디, 한마디에 깃들어 있는 의미를 생각하면서 강연을

> DREAMING BIG
> 가능한 한 많은 사람이
> 자신의 꿈을 깨닫도록
> 돕는 것이다.
> —론 & 조지아 리 페이어

들었습니다. 그때 문득 이런 생각이 들었습니다.

'대체 이 사람은 무슨 이야기를 하려는 거지?'

론의 처음 몇 문장을 듣고 나는 머리가 뻥 뚫리는 듯한 기분이 들었습니다.

"인생에서 성공하는 방법을 알려드리겠습니다. 우선 첫 번째, 꿈이 있어야 합니다. 두 번째, 긍정적인 자세를 가져야 합니다. 세 번째, 꿈이 현실화되는 것을 지켜볼 수 있는 좋은 차가 있어야 합니다."

'꿈이 있어야 합니다'와 '긍정적인 자세를 가져야 합니다' 사이에서 나는 환호했습니다.

'그래! 그게 바로 내가 여기에 있는 이유야. 히긴스가 말했던 게 바로 이거였어. 내가 가져야만 하는 것! 대체 언제 잃어버린

거지? 어떻게 하면 다시 찾을 수 있을까? 옛날의 꿈을 다시 시작해야 할까? 새로운 꿈을 찾아야 할까? 전부 다시 시작해야 할까?'

'꿈이 있어야 합니다'라는 론의 한마디에 내 머릿속에 온갖 질문이 번뜩였습니다. 그의 말이 옳았습니다. 이러한 확신은 나를 꿈의 여정에 뛰어들게 했고, 마침내 나는 꿈을 발견했습니다.

끈기

이 책의 공동 저자인 폴에게 있어 끈기는 꿈의 여정에 중요한 지표가 되어준 키워드입니다. 미시간 대학에서 언어학 박사 학위를 받은 그는 그간 해왔던 연구를 실질적인 형태의 것으로 옮기겠다는 꿈에 부풀어 있었습니다. 그는 가족이나 친구 혹은 동료와 원활하게 소통하는 데 큰 도움을 주는 대화의 기술에 대한 책의 집필을 시작했습니다.

폴은 일을 마치고 집에 돌아와 아이들이 잠자리에 들고 나면, 자신에게 변화를 가져다줄 신념을 자정이 될 때까지 열심히 노트에 기록했습니다. 그는 그렇게 5년간 기록한 원고를 여러 출판사에 보냈지만 전부 거절당했습니다. 하지만 그는 포기하지 않고 계속 글을 쓰고, 다듬고, 기회의 문을 두드렸습니다.

그리고 마침내 그가 바라는 문이 활짝 열렸습니다. 그 책은

《사람들이 경청하도록 말하는 기술》이라는 제목으로 출간되어 10만 부가 넘게 팔리며 베스트셀러가 되었습니다. 폴은 끈기야 말로 꿈을 이루는 데 가장 핵심적인 요소라고 말합니다.

희망

우리의 끈기에 불을 지핀 건 바로 희망이었습니다. 당신에게도 희망은 매우 유용한 연료가 되어줄 것입니다. 희망은 인생의 그 어떤 좌절과 장해물에도 굴하지 않고 계속 꿈을 향해 전진할 수 있는 힘을 줍니다.

삶의 여정에는 비극도 있습니다. 우리는 '때로 울고, 때로 웃고, 때로 슬퍼하며, 때로 춤을 추기도'[*] 할 것입니다. 슬픔이 올 때 억지로 행복한 척할 필요는 없습니다. 다만 그 슬픔이 꿈으로 향하는 발목을 잡더라도, 결혼 생활 혹은 가족 관계에 금을 가게 하더라도, 승진에 실패하더라도 절대 좌절해서는 안 됩니다.

마틴 루터 킹은 이런 말을 했습니다.

"희망을 잃었다면, 삶을 지속시키는 활기도 잃을 것이고, 고난을 헤쳐나갈 수 있는 용기도 잃게 될 것이다. 그래서 오늘날 나는 아직 꿈꾸고 있다."

---

[*] 전도서 3장 4절 참조.

당신에게도 희망이 있습니다. 그 희망찬 기운으로 다시 꿈의 여정을 시작할 수 있습니다. 첫발을 내딛으세요. 확신을 가지고 나아가세요. 언젠가 크게 웃으며 춤추는 날이 올 겁니다. 어떤 고난도 이겨낼 수 있는 견고한 희망을 가진 당신이기에.

희망을 단단하게 만들려면 훈련이 필요합니다.

자신의 마음을 들여다볼 수 있는 기회를 가져 보세요. 지난 꿈을 되돌아보고, 미래를 위해 새롭고 견고한 기반을 마련하는 시간을 준비해 보세요. 좋아하는 장소에 가서 희망을 찾는 일과, 자신의 마음에 무엇이 있는지 살피는 일에 집중해 보세요.

또, 생각에 불을 지피는 글귀가 있다면 꼭 어딘가에 적어 두세요. 무언가 떠오를 때도 그것을 잊지 않도록 기록해 두세요.

비록 이 책은 31일 완성으로 구성되었지만 한 달 안에 읽지 않거나 끝까지 읽지 못했다고 죄책감을 가질 필요는 없습니다. 지금 책임감을 가지고 해야 할 일은 단지 책을 읽는 행위가 아닌 꿈을 이루기 위한 훈련과 그 여정을 모험하는 것입니다.

케네스 L. 파이크는 이런 말을 했습니다.

"깊이 파고, 넓게 물을 주어라."

에너지가 샘솟을 때까지 깊이 파고드세요. 가족과 친구, 동료에게 선물하고 싶은 위대한 보물은 바로 당신의 의식 아래 깊이 잠들어 있습니다.

꿈의 여정을 마칠 때까지 우리를 개인 트레이너 혹은 인생 코치로 생각하세요. 매 장마다 우리는 당신을 경기장으로 밀어넣을 것입니다. 벤치에 가만히 앉아 지켜보는 것만으로는 아무것도 배울 수 없기 때문입니다. 반드시 따라야 하는 승리의 공식은 바로 발견하기, 다듬기, 실현하기, 나누기, 북돋우기입니다.

매 장에 나오는 과제와 마음 탐구에 성실하게 임할 준비가 되었나요? 그렇다면 생기 넘치는 삶을 위한 모험을 시작해 보세요. 모험이 끝나고 나면 다른 사람에게 꿈의 안내자 역할도 할 수 있게 될 것입니다.

당신의 트레이너로서 우리는 괴테의 표현을 빌려 이렇게 말하고자 합니다.

"지금 당장 시작해라."

마음 탐구

1. 처음 당신에게 열정을 불어넣어 주었던 꿈은 무엇이었나요?

2. 지금 당신의 열정에 불을 지피고 있는 꿈은 무엇인가요?

3. 현재 그 꿈들은 분명하고 또렷한가요?

   그렇다 □   아니다 □

4. 꿈을 다듬고, 꿈이 가져다주는 에너지를 경험하고 싶은가요?

   그렇다 □   아니다 □

5. 기존의 훈련된 사고를 움직일 만큼 그 꿈은 중요한가요?

   그렇다 □   아니다 □

맞춤꿈 재단

우리는 무의식적으로 비현실적인
기대에 빗대어 우리의 노력을 평가한다
-마가렛 E. 울트저

꿈의 의미가 분명할수록 꿈이 현실화될 수 있는 가능성이 커진다

꿈은 당신의 지문과도 같습니다. 오롯이 자신만의 것이란 이야기입니다. 아버지 혹은 어머니, 기타 친척, 친구, 그 어느 누구의 꿈도 대신할 필요가 없습니다. 자신에게 꼭 맞는 꿈을 꿀 때 만족도가 더욱 높아집니다. 꿈을 다듬는 과정은 생각보다 쉬울 수 있습니다. 또한 기대 이상으로 큰 열정을 불러일으킬 수도 있습니다.

꿈을 자신에게 맞추기 위해 다듬는 방법 가운데 사차원 여과기가 있습니다. 사차원이란 곧 좋아하는 환경, 꿈이 지니고 있는 물적 가치, 조직의 구성원으로 스카우트하고 싶은 사람의 수, 자신이 전망하는 심리학적 · 지리학적 경계를 말합니다.

환경

지난 30년간 매우 다양한 유형의 지도자와 일하면서 깨달은 원칙이 있습니다. 사람은 각자 처한 환경에 따라 달라진다는 것입니다.

조용하고 고즈넉한 시골을 선호하는 사람도 있지만 정작 시골에 사는 사람은 좁디좁은 우리에 갇힌 커다란 고릴라가 된 기분이라고 말하곤 합니다.

대부분의 사람이 자신감과 열정에 비해 매우 보잘것없는 위치에서 일을 합니다. 그러한 환경에 있는 사람은 자신이 등껍질이 뒤집힌 거북이처럼 미련스럽다고 느낍니다. 다리를 열심히 버둥거려도 진전이 없다고 말합니다.

꿈을 이루고자 하는 열망이 강한 사람일수록 자신의 이상에 맞춰 성장하고 열정을 키워나가려는 경향이 강합니다. 자신에게 꼭 맞는 환경이 있습니다. 벅찬 환경으로 압박을 느낄 수도 있고, 부족한 환경으로 스트레스를 받을 수도 있습니다. 지평선을 향해 꿈을 펼치되, 자신의 세계관에 맞추길 바랍니다. 당신에게 가장 이상적인 환경은 어떤 모습인가요?

돈

꿈은 좇는다는 건 얼마의 돈을 벌 것인가 하는 것과도 깊이 관련이 있습니다. 이는 흥미, 비전, 사명감 혹은 인생의 목적과도 밀접하게 연관되어 있으므로 중요한 문제입니다. 그렇기에 꿈의 가치 혹은 꿈을 통해 벌고 싶은 수입과 관련해 자신이 바라는 정확한 금액을 짚고 넘어가는 것이 필요합니다.

- ☐ 100민 원
- ☐ 1,000만 원
- ☐ 1억
- ☐ 10억
- ☐ 100억
- ☐ +

사람

꿈이란 현재의 상황을 넘어선 그 무언가를 의미합니다. 꿈을 실현하려면 쭉쭉 뻗어 성장해야 하고 희생 또한 필요합니다.

직원이 12명인 조그마한 사업을 운영하는 꿈은 그리 비현실적으로 보이지 않지만 직원이 1만 2,000명인 사업체를 이끄는 것은 현재 시점에서는 무척 아득한 꿈처럼 보입니다.

만약 당신이 사업을 하게 된다면 어느 정도의 규모가 적당하다고 생각하나요? 한두 명의 직원이 있는 소규모 업체? 대규모 혹은 1만 명 이상의 많은 사람에게 영향력을 미치는 기업?

미래의 꿈에 있어 자신의 영향력을 발휘하고픈 대상이 몇 명인지 확인해 보세요.

- ☐ 1~10명
- ☐ 10~100명
- ☐ 100~500명
- ☐ 500~1,000명
- ☐ 1,000~1만 명
- ☐ 1~10만 명
- ☐ 10만~100만 명
- ☐ 100만 명 이상
- ☐ 전체 사회/문화
- ☐ 전 세계인

지역

꿈을 꾸는 데 있어 당신의 지리학적 경계는 어떠한가요? 꿈을 설계할 때 현재 살고 있는 동네, 도시를 염두에 두고 있나요? 나라를 가장 우선순위에 두고 있나요? 전 세계를 목표로 하나요? 미래를 관망할 수 있는 역량은 꿈의 지리적 경계를 어디에 두고 있느냐에 따라 달라집니다.

깨어 있는 시간에 자신이 가장 많은 신경을 쓰고 있는 지역은 어디인가요? 감성적으로 선호하는 지역은 어디인가요? 혹은 어느 정도 크기의 지역에 편안함을 느끼나요? 꿈의 지리학적 경계에 대해 생각해 보고 어느 정도가 적당할지 체크해 보세요.

- □ 동네
- □ 동
- □ 구
- □ 시
- □ 국내
- □ 국외

자신이 바라는 꿈의 지리학적 경계를 지나치게 과장하지는 마세요. 미래의 꿈은 꼭 크고 원대해야 한다는 부담을 버리세요. 내게 맞지 않는 꿈이라면 열정을 불러일으킬 수 없습니다. 꿈이 크다고 무조건 좋은 것이 아닙니다. 꿈의 지리적 경계를 확인하는 건 꿈을 크게 키우라는 것이 아니라 정확한 형태를 파악하기 위함입니다.

환경, 돈, 사람, 지리(영역)의 조건을 정확히 따져 나의 성격과 열정과 희망과 꿈에 꼭 맞는 크기를 파악하세요. 편안함을 느끼는 영역 밖으로 나를 끌어낼 만큼 버거운 꿈이라면 당장 정리하세요. 거대한 압박과 도전 속에서도 성공할 수 있는 것이 아니라면 추상적으로 생각하지 마세요.

데비 토마스는 이런 말을 했습니다.

"나는 사람들에게 내 자신이 너무 어리석어서 무엇이 불가능한지 분간할 수 없다고 말한다. 그런 나는 우스꽝스러울 만큼 원대한 꿈이 있었다. 그리고 그 꿈을 대부분 실현했다."

처음에 꿈은 원대하기 마련입니다. 경험이 쌓일수록 자신감도 쌓입니다. 나와 같은 꿈을 꾸었고, 그 꿈을 이룬 사람을 보면 앞날에 대한 확신도 커질 것입니다.

'그들도 했으니까, 나도 할 수 있어!'

지금 당장은 원대한 꿈을 마음껏 누리세요. 단, 버겁지 않은 한에서. 다듬는 것은 나중의 일입니다.

'좋아, 나도 할 수 있어!'

마음 탐구

꿈을 측정해 보세요.

1. 아래 사항에 따라 내가 원하는 꿈의 크기를 생각해 보세요.

환경 ____________________________________

돈 ____________________________________

사람 ____________________________________

영역(지리) ____________________________________

2. 꿈의 크기가 내 감정에 어떤 영향을 미치나요? 부담이 되나요 아니면 힘이 되나요?

3. 끝까지 지치지 않고 열정적으로 달릴 만한 꿈의 크기를 만들려면 어떤 방법을 취해야 할까요?

우선순위를 아는 감각 기르기

어떤 이들은 사물을 있는 그대로 본다. 그리고
"왜?"라고 묻는다. 하지만 나는 지금껏 존재하지 않은 새로운 것을
상상하며 이렇게 말한다. "왜 안 돼?"
—조지 버나드 쇼

당신은 어떤 타입의 사람인가?

오래전 나의 멘토였던 빌 불라드가 하루는 이렇게 물었습니다.

"훗날 뭐가 되고 싶어요? 뭘 하고 싶고, 뭘 갖고 싶어요?"

나는 며칠간 고민했습니다. 그리고 그 질문이 나를 돌아보는데 매우 효과적이라는 걸 알았습니다. 몇 년의 세월을 거쳐, 나는 다음의 한 가지 질문을 덧붙였습니다. "누구를 돕고 싶나요?"

이 4개의 질문이 인생 우선순위 도표의 기본 바탕입니다.*

---

* Masterplanning Group으로부터 인용을 허가받았다.

도표 위쪽에 '죽기 전'이라는 문장이 눈에 띨 것입니다. 사람은 살아 있는 동안에는 자신의 죽음에 대해 생각하고 싶어 하지 않습니다. 한 성인은 죽기 전에 이런 말을 남겼습니다.

"죽음에 대한 생각을 할 때만큼 오롯이 내 마음에 집중할 수 있는 시간도 없다."

언젠가는 내게 찾아올 죽음을 생각하며 '되기', '하기', '갖기', '돕기'와 연관된 분명한 꿈을 적어 보세요.

인생 우선순위 도표 죽기 전, 나의 우선순위는?			
	되기	하기	갖기	돕기
1				
2				
3				
4				
5				
6				
7				
8				
9				
10				

각 항목에 꿈을 적을 때마다 스스로에게 물어보세요.

'나의 인생에서 딱 10개의 우선순위만 꼽는다면 그게 뭘까?'

각 항목마다 반드시 10가지 꿈을 다 적을 필요는 없지만 그 이상을 적는 일은 자제하도록 합니다.

표를 작성했다면 '되기', '하기', '갖기', '돕기'에서 우선순위 1위, 2위, 3위를 정해 별표를 다세요. 1위는 3개, 2위는 2개, 3위는 1개의 별표를 다는 겁니다.

'되기'에서 딱 하나만 선택할 수 있다면, 그것은 무엇인가요? '하기'에서 딱 하나만 선택할 수 있다면 그것은 무엇인가요? '갖기'와 '돕기'도 같은 방식으로 살펴보세요.

자, 이제 나의 우선순위 1, 2, 3위에 대해 자세히 기술할 수 있을 것입니다. 이러한 과정은 인생 우선순위를 명확하게 합니다.

되기–개인적 역량 발전시키기

사람은 무엇 혹은 어떠한 사람이 되는 데 초점을 맞춥니다. 어떤 이는 명민해져서 다른 사람들에게 존경을 받고 싶어 합니다. 또 어떤 이는 두려움이나 경제적 근심에서 자유롭고 싶어 합니다. 또 어떤 이는 날씬해지고 싶어 하고, 어떤 이는 회사를 운영하는 사장이 되고 싶어 합니다.

자신이 가치 있다고 느끼는 것, 성격 특성 혹은 바라는 역할의 우선순위를 3가지 적어 보세요. 그리고 인생의 우선순위 도표에 기록한 것과 비교해 보세요.

    1. ____

    2. ____

    3. ____

하기—목표 달성하기

어떤 사람은 무언가를 달성하고, 현실화하고, 실행에 옮기고 싶어 합니다. 어떤 사람은 조직을 이끌고 싶어 합니다. 어떤 사람은 암 치료 연구에 필요한 자금을 기부하거나 다른 이가 현명한 선택을 하는 데 도움을 주고 싶어 합니다.

스스로에게 물어보세요.

'만약 내게 무한대의 시간과 힘과 돈과 지식과 인력이 있다면, 어떤 일이 나의 운명인지 알고 또한 무조건 성공이 보장되어 있다면 어떻게 하겠는가?'

하고 싶은 일을 적어 보세요. 인생 우선순위 도표를 보고 3개를 골라도 좋습니다.

죽기 전, 나는 '하고' 싶다

    1. ____

    2. ____

    3. ____

어떤 사람은 '자신이 무엇을 소유하는지'가 인생에서 가장 중요합니다. 이러한 사람은 바라는 삶의 방식을 갖고 있습니다. 이를테면 어느 동네에서 살고, 어떤 자동차를 타는 것입니다.

이 같은 삶의 단점은 소유에 집착한 나머지 되레 그것에 얽매인다는 것입니다. 가졌다는 기쁨보다 잃는 데 대한 두려움에 불안해하는 것입니다. 물론 존 슈나이더는, 부는 일정한 규칙에 따라 소유한다면 가족에게 좋은 일이 될 수 있다고 말합니다.[*]

소유는 생활을 풍요롭게 할 수 있고, 다른 이에게 좋은 영향을 미칠 수도 있습니다. 돈이 많으면 자신의 맘에 드는 편안한 집을 마련할 수 있고, 그곳에 친구를 초대해 그들을 행복하게 해줄 수도 있습니다.

DREAMING BIG
우리는 사업체를 건설하는 것이 아니라, 후손을 위한 유산을 건설하고 있다. 즉, 다른 이들이 꿈을 이룰 수 있도록 가르침을 주고 있는 것이다.
–닐 & 매리 조 브라운

인생 우선순위 도표를 참고해, 갖고 싶은 3가지를 적어 보세요.

죽기 전, 나는 '갖고' 싶다

1. ______________________________

---

[*] John R. Schneider, 《The Good of Affluence》(Grand Rapids: William B. Eerdmans Publishing Company), 2002.

2. ____

3. ____

돕기–다른 이를 고무시키기

이런 속담이 있습니다.

"좋은 사람이 남긴 유산은 그의 증손에게까지 전해진다."

훌륭한 사람은 그의 작은 부분까지도, 가정을 꾸리는 다른 이들을 일깨우는 데 도움이 된다는 말입니다. 우리 모두 미래 세대에게 기여할 무엇이 있어야 합니다.

가족을 제외하고 누구를 돕고 싶은가요? 어떠한 책임 의식을 가지고 있나요? 어떠한 문제를 해결하고 싶은가요?

다른 사람을 돕는 방법은 여러 가지가 있습니다.

- 특정 상황의 피해자 구하기
- 자녀를 현명하게 양육하기
- 사회에서 책임감 찾기
- 소외된 지역에서 사람들을 가르치기
- 절박하게 도움을 필요로 하는 상황에 힘 보태기

월드비전에 몸담고 있던 시기에 우리의 주목표는 홍수, 화재, 기아 등의 재해로 많은 걸 잃어버린 사람을 돕는 일이었습니다. 그 일을 하려면 자금이 필요했습니다. 어렵고 힘든 이들을 돕겠다는 열망으로, 나는 '사랑의 빵'이라는 모금 운동을 생각해냈습니다. 식빵 덩어리 모양의 작은 저금통을 사람들에게 나눠주고, 거기에 저금을 한 다음 되돌려 보내달라는 캠페인입니다.

월드비전은 '사랑의 빵' 덕분에 기아에 시달리는 이들을 도울 수백만 달러의 기금을 모을 수 있었습니다. 나는 이를 통해 다른 사람을 도우려는 꿈이 어마어마한 에너지를 발산할 수 있다는 사실을 깨달았습니다.

삶에 있어 진정으로 돕고 싶은 이들이 있나요? 단지 살아 있다는 이유 하나만으로 힘을 모아주고 싶은 대상이 있나요? 앞서 작성한 도표를 참고해 적어 보세요.

죽기 전, 나는 '돕고' 싶다

1. ______________________________________
2. ______________________________________
3. ______________________________________

인생 우선순위 도표에 적은 기록은 '일곱 번째 날'에서 일생의 꿈을 파악하는 데 단서가 되어줄 것입니다.

1. 인생 우선순위 도표의 4가지 항목 중 어느 항목이 가장 크게 다가오

   나요?

2. 어떤 꿈에 별 3개를 주었나요? 그것들의 공통점이 있나요?

자연 에너지 활용하기

야망이란 인간의 에너지를 최고로 발산해내는 열정이며
이는 곧 문명화를 가능케 한다
─조셉 엡스타인

열정에 불을 지피는 일을 깨달으면 자연 에너지를 활용할 수 있다

꿈의 에너지란 자신에게 가장 중요한 것이 무엇인지 찾아내고, 나를 흥분시키는 요인을 탐구하며, 이상을 향한 용기를 발휘할 때 만들어지는 자연적인 에너지를 뜻합니다. 다음의 간단한 공식을 참조하세요.

- ▸ 명확한 꿈 = 자연 에너지의 충만
- ▸ 불명확한 꿈 = 자연 에너지의 부재

• Hugh Hewitt, 《In, But Not Of》(Nashville: Thomas Nelson Publishers, 2003), 1에서 인용.

꿈의 에너지는 다음의 사항과는 분명하게 구분됩니다.

- ▸ 음식에서 생성되는 영양학적 에너지
- ▸ 커피 한 잔에서 생성되는 화학적 에너지
- ▸ 보물 같은 친구로부터 나오는 사회적 에너지
- ▸ 원칙에서 나오는 압력적 에너지

'되기', '하기', '갖기', '돕기' 우선순위를 떠올려 보았을 때 그 중에서 가장 중요한 야망은 무엇인가요? 어떤 꿈이 심장을 뛰게 하고, 상상력을 자극하나요?

오늘은 열정에 힘을 더할 자연 에너지 활용과 그 이점에 대해 알아보려고 합니다. 우선 왜 꿈을 찾는 일이 중요하고 가치 있는 지에 대한 세 가지 이유에 집중해 보세요.

태도 에너지

꿈이 가져다주는 첫 번째 장점은 왜, 무엇을 해야 하는지에 대한 자세를 변화시키는 점입니다. 태도란 생각, 감정, 행동의 조화로 이루어진 것입니다. 반드시 세 가지 요소가 모두 충족되었을 때 '태도 에너지'가 만들어집니다. 이는 끊임없이 샘솟는 힘과 낙관 론의 원천입니다.

가끔 지칠 때도 있겠지만 나의 생각과 감정, 행동이 전부 꿈에 관한 것임을 기억해낸다면 다시금 힘이 솟을 것입니다. 좀 더 분명하게 꿈을 꾸고, 그 어떤 장해물도 넘어설 수 있다는 자신감이 생기며, 꿈을 향한 다음 단계를 밟을 준비가 될 것입니다.

동기 에너지

꿈이 가져다주는 두 번째 장점은 내면에 자리하고 있는 동기를 해제할 수 있다는 점입니다. 꿈의 물리적 장점은 곧 물리적 에너지에 있고, 정신적 장점은 끊임없는 열의와 열망에 있습니다.

아직 동기화된 열망을 가지고 있지 않다면 지금이라도 자신에게 가장 중요한 것이 무엇인지, 어떤 인생을 살고 싶은지 신중하게 생각해 보세요. 그리고 마음에 와 닿는 생각을 기록하세요. 나중에 그 열망이 사그라지더라도 기록한 것을 꺼내 보면 다시금 동기화할 수 있습니다.

진정한 동기란 그 어떤 과장된 상상력으로 만들어지는 것이 아닙니다. 실제로 할 수 없는 것을 할 수 있다고 믿게 만드는 것은 속임수의 가장 비열한 형태입니다. 만약 키가 152센티미터에 평발이고 높이 뛰지도 못한다고 가정한다면 도구 없이는 절대 덩크슛을 넣을 수 없습니다. 꼭 이루고 싶어 하더라도 그 열망과는 전혀 상관이 없습니다.

진정한 동기란 내면에서 자라납니다. 자신의 자연적, 열정적, 내면적 동기를 발견해야 합니다.

최고로 동기화되었던 날을 기억하고 있나요? 놀이공원에 놀러 간다거나 여름휴가가 시작되었다거나 혹은 학위를 받거나 결혼을 할 때는 한밤중에 침대에서 벌떡 일어날 만큼 몹시 흥분된 상태로, 끝없이 에너지가 샘솟을 것입니다. 우리는 바로 이러한 때가 자신의 진정한 모습이 드러나는 순간이라고 생각합니다.

해결 에너지

꿈이 가져다주는 세 번째 장점은 앞길을 막아서는 험난한 문제를 말끔히 해결하게 한다는 것입니다. 꿈에서 얻은 태도와 동기가 있다면 열망을 꺾는 요인을 가려내고 제거하기 위한 단계를 밟아갈 수 있습니다. 당신이 지금 어떤 문제에 직면해 있는지 체크해 보세요.

- ☐ 실패에 대한 두려움
- ☐ 성공에 대한 두려움
- ☐ 꿈이나 목표를 향한 과정의 부재

□ 준비 없는 도전

□ 취약한 분야에서의 작업

□ 삶에 대한 통제력 상실

□ 스스로에 대한 지나친 압박

□ 빈약한 자원

□ 지나치게 많은 역할

□ 직장 혹은 다른 이에게 억압받는 감정

□ 당신의 존재와 하는 일에 대한 부당한 대접

□ 하고 싶은 것을 하기에 부족한 시간

□ 열악한 재정

□ 무엇을 하고 싶은지에 대한 불명확함

□ 용기의 부족

위의 사항 가운데 어느 하나라도 당신의 발목을 붙잡는 것이 있다면 어떻게 할 건가요? 장해물이 나타났을 때 사람들의 일반적인 반응은 다음과 같습니다.

1. 장해물을 극복하기 위해 노력하며 앞으로 계속 전진한다.
2. 다른 이들의 기대에 부응하는 방향으로 목표를 전환한다.
3. 하던 것을 멈추고, 모두 그만둔다.

당신은 선택할 수 있습니다. 만약 30초 안에 답할 수 있는 분명한 꿈을 가진 사람이라면 누구라도 1번을 선택할 것입니다.

명확한 해결책을 갖고 문제에 접근할 수 있을 것입니다.

장해물은 목표를 성취했을 때도 찾아옵니다. 1~10년 정도 소요되는 프로젝트나 꿈을 성취하기 위해 밤낮을 가리지 않고 에너지를 쏟아부은 적이 있나요? 그것을 기어코 성취했을 때 왠지 모를 혼란과 허탈함이 느껴지지 않았나요? 마치 누군가에게 에너지를 빼앗긴 것처럼 말입니다. 어쩌면 경미한 우울증을 경험했을지도 모릅니다. 이는 최대한 집중해 단기 혹은 중기의 목표를 달성했을 때 일반적으로 겪게 되는 현상입니다. 목표를 달성하기 위한 딱 그만큼의 에너지를 가지고 있었기 때문입니다. 만약 일생에 거쳐 이룰 꿈을 갖게 된다면 그 꿈을 향한 에너지가 일생 끊이지 않고 솟아날 것입니다.

마음 탐구

1. 당신의 에너지는?

   □ 단기 목표용이다

   □ 중기 목표용 에너지이다

   □ 일생일대의 꿈을 위한 평생의 에너지이다

2. 꿈을 이루는 데 장해물이 될 만한 문제를 2~3가지 꼽아 보세요.

   1. ____

   2. ____

   3. ____

3. 2번에 적은 문제에 대한 해결책을 찾으려면 어떤 과정이 필요할까요?

안개 걷는 질문 던지기

정곡을 찌르는 질문은 창의적인 사고를 가능케 한다
―브라이언 트레이시

당신 삶이 조명하고 있는 바에 대해 자신하는가?

여섯 번째 날에는 핵심적인 질문을 통해 창의적인 생각을 이끌어내고자 합니다. 잠재력을 발휘하는 데 있어 집중력은 가장 필수적인 요소입니다. 집중력과 명확성 없이는 그 무엇도 이끌어나갈 수 없습니다. 아무것도 계획할 수 없고, 꿈도 찾을 수 없습니다.

인생행로에 대한 분명한 이상을 바탕으로 자신이 해야 할 일을 살펴보세요.

- ▸ 자신감을 갖고 실천하기
- ▸ 효율적으로 의사소통하기

- ▸ 스스로를 동기화하기

- ▸ 다른 이를 가르치기

- ▸ 현명하게 지도하기

삶에 도움이 되는 원칙은 '질문을 통해 더욱 집중하자'입니다. 질문은 자신의 생각에 집중하고 명확히 하는 데 도움이 됩니다. 올바른 질문으로 끊임없이 성장하고, 추구하고, 다음 단계를 명확하게 파악하세요. 꿈이 분명해질 것입니다.

심도 있는 질문

당신이 알고 있는 가장 현명한 사람은 누구인가요? 그가 누구이든 분명 심도 있고 통찰력 있는 질문을 던지는 사람일 것입니다. 나는 약 30년간 여러 질문을 수집해 왔지만, 질문이 왜 중요한지 최근까지도 답을 찾지 못했습니다. 하지만 바로 여기에 질문이 왜 중요한지 답이 있습니다.

- ▸ 심도 있는 질문을 던지면 심도 있는 대답이 나온다.

- ▸ 가벼운 질문을 던지면 가벼운 대답이 나온다.

- ▸ 아무것도 질문하지 않으면 아무런 대답도 나오지 않는다.

다음에 이어질 질문에 답하면서 무엇이든 떠오르는 대로 책 여백이나 수첩에 적어 보세요. 급한 마음으로 임할 필요는 없습니다. 답변에 대해 생각해 볼 수 있는 기회는 나중에도 얼마든지 있습니다. 지금 시점에 적은 글로 자신의 생각을 평가하지 마세요. 지금은 그저 온갖 생각이 쏟아지는 대로 내버려 두세요.

순간의 정의

자신에게 가장 중요한 것을 찾으려면 과거, 현재, 미래에 대한 심도 있는 질문을 던져야 합니다. 다음의 질문을 통해 자유롭고 즐거운 기분으로 많은 것을 깨달을 수 있을 것입니다.

과거: 인생에서 가장 분명했던 순간을 10가지 적기

1. ____

2. ____

3. ____

4. ____

5. ____

6. ____

7. ____

8. ____

9. ____

10. ____

현재: 나는 왜 태어났고, 생의 목적 혹은 임무는 무엇인가?

____

____

미래: 죽기 전에 어떤 변화를 만들어 보고 싶은가?

____

____

마음 탐구

1. 과거의 어떤 순간이 나의 미래에 가장 영향을 줄 거라고 생각하나요?

2. 나에게 중요한 것이 무엇인지 생각하면서 얻은 통찰력이 있나요?

꿈의 조각 모으기

충분한 것만으로는 충분치 않다
—C.S. 루이스

풍족한 삶이란 어떤 의미인가?

지금 이 책을 읽고 있는 이유는 아마 무언가 더욱 원하는 것이 있기 때문이겠지요. 삶에 변화를 꾀하고 있을 테고, 미래에 대한 이상이 당신을 고무시키고 있을 것입니다. 그것을 실현하기까지 여정이 얼마나 험난할지 여부는 상관없이 말입니다. 꿈은 당신이 바라는 변화가 무엇인지 분명히 하는 데 도움을 줄 것입니다.

오늘은 지금껏 살펴본 생각을 정리해 일생의 꿈 즉, 남은 평생 동안 열정을 불어넣을 미래의 이상의 조각을 모아보고자 합니다.

꿈의 7가지 특성

행동을 이끄는 힘은 바로 다음의 7가지 특성에서 나옵니다.

1. 꿈은 깊은 욕구에서 시작된다. 그 깊은 욕구는 그동안 보고 느끼고 경험했던 필요에 의해 발현한 것이다

뭔가 강렬히 바라면 그것을 이루기 위한 열정이 생겨납니다. 음식과 살아갈 집이 필요한 아이를 만났다고 생각해 보세요. 병에 걸린 노인 혹은 그동안 나를 위해 희생한 부모님을 생각해 보세요. 아마 그들을 돕고자 기꺼이 나의 시간과 에너지, 돈을 쓰고 싶어질 것입니다.

지금 당신을 눈물짓게 만드는 혹은 주먹을 내리치게 만드는 절박한 상황은 무엇이 있습니까?

2. 나의 위대한 힘을 발휘할 수 있는 단 하나의 무엇, 그것으로부터 꿈이 시작된다

최고로 잘할 수 있는 일이 무엇인가요? 평균 이상으로 잘하는 일이 아니라 최고로 잘하는 하나를 꼽아 보세요. 꿈은 그 위대한 힘을 토대로 만들어집니다. 이것이 꿈을 좇는 데 가장 핵심적인 조건입니다.

3. 꿈은 가치를 바탕으로 구성된다

평소 신조로 삼고 있는 가치가 견고한 바탕이 되어 무언가를 이루게 만들어줄 것입니다. 앨런 블룸 교수에 따르면, 가치는 인생을 살아가는 데 있어 방향을 제시합니다.

"사람들로 하여금 진실한 삶을 살게 하며 위대한 행동과 사고를 가능하게 하는 것만이 진정한 가치라 할 수 있다."

4. 내게는 꿈이지만 다른 이에게 그것은 아무것도 아니다

누군가는 나의 꿈을 듣고 비웃을지 모릅니다.

"그런 어리석은 꿈이 어디 있어요? 이해되지 않아요."

그렇지만 꿈은 나의 것이기에 상대방의 이해를 구할 필요가 없습니다. 꿈은 꿈꾸는 자에게만 특별한 것입니다.

사실 이 글을 적고 있는 지금 시각은 새벽 4시 30분입니다. 내가 있는 곳은 공항입니다. 나는 자정부터 줄곧 잠을 자지 못했습니다. 오전 7시에 비행기를 타야 하기 때문입니다. 피곤에 지쳐 어서 집으로 돌아가 자고 싶습니다. 하지만 이 글을 읽을 당신을 생각하면, 이것이 당신에게 도움이 되리라 생각하면 나는 마음이 들뜹니다. 당신이 꿈을 실현하도록 돕는 것이 바로 나의 꿈이기 때문입니다.

5. 꿈을 통해 변화할 것이다

꿈은 곧 평범한 일상을 뛰어넘는 것입니다. 많은 사람이 마음속으로 이렇게 외치며 살아가고 있습니다.

"이렇게 살다가 죽고 싶지 않아. 의미 있는 삶을 살고 싶어. 변화가 필요해."

평범한 삶을 뛰어넘을 변화는 바로 꿈을 통해 가능해질 것입니다. 의미 있는 일을 안겨줄 것입니다.

나는 다른 사람이 꿈을 꾸며 삶을 살도록 이 글을 쓰며, 이것은 내게 의미 있는 일이고, 쉼 없이 활력이 샘솟습니다.

6. 꿈은 자유롭다

꿈을 향해 나아가는 데는 제한속도가 없고, 본래의 자리로 후진할 수도 없습니다. 현재 처한 상황이 어떻든 그것 또한 별 문제가 되지 않습니다. 꿈은 그 자체로 독립적이기 때문입니다. 나이, 성별, 인종, 국적은 한계가 될 수 없습니다. 내가 선택한 미래를 향해 나아가는 길에 자유를 만날 것입니다.

7. 꿈은 자체 보상 시스템이다

꿈을 향해 내딛는 발걸음은 유쾌한 자극이 되어줄 것입니다. 불안하게 흔들리는 발걸음조차 예외가 아닙니다.

실패는 꿈을 향해 나아가는 디딤돌입니다. 실패를 바탕으로 성공으로 향하는 길이 완성된다는 사실을 기억하고, 자신감을 가지고 전진해야 합니다. 또한 꿈에 한 발자국 더 가까이 다가갈 때마다 일종의 심리적 보상을 경험할 것입니다. 등을 토닥여주는 사람이 없어도 자기 자신에게 이렇게 말해 보세요.

'오늘은 의미 있는 일을 했어. 꿈에 가까이 다가간 거야.'

엔진을 가동하기

꿈꾸기가 일종의 여행이라면, 당신은 이미 지도를 발견하고 목적지에 대한 계획도 세웠을 것입니다. 내면의 나침반을 가지고 당신에게 가장 중요한 무엇을 기준으로 방향을 정했으며, 에너지 탱크에도 연료가 가득 차 있습니다. 그럼 이제 창의성에 시동을 걸기 위한 열쇠를 찾기만 하면 됩니다. 그 3개의 열쇠라 할 수 있는 다음의 계획표가 당신의 손에 있다면 마음속의 엔진은 금방이라도 뛰쳐나갈 듯 윙윙거리고, 심장은 끝없이 두근댈 것입니다.

첫 번째 열쇠: 오래전부터 지니고 있던 꿈 재정리하기

과거에 지니고 있던 꿈을 다시 살펴보세요. 그 꿈은 왜 그토록 간절했나요? 다시금 그때의 열정을 되살릴 수는 없을까요? 과거 혹은 현재의 꿈은 진정으로 나를 움직이고 에너지를 샘솟게 했나요? 그것이 평생의 에너지와 노력과 돈을 모두 투자해도 아깝지 않을 만큼 가치 있는 꿈인지 재고해 보세요.

당신에게는 절실한 꿈이지만 어쩌면 그것은 자그마한 꿈이 한데 모여 만들어진 것일 수 있습니다. 더 많은 사람을 연관시키거나, 나만의 사업을 하거나, 새로운 방향으로 전환하기 위해 필요한 일을 함으로써 과거에 갖고 있던 꿈을 재구성해 볼 수 있습니다. 일생의 꿈을 찾는 일은 생각보다 간단합니다.

평생 동안 좇을 수 있을 만큼 소중해서 몇 년이고 마음에 품고 있던 것이라면 그것이 바로 당신의 일생의 꿈입니다.

간단하지만 핵심 질문입니다. 이 질문이 중요한 이유는 꿈의 크기를 제한하는 가장 직접적인 기준이 돈이기 때문이다. 이러한 접근법은 돈의 부족으로 오는 한계를 없애고, 완전히 새로운 단계와 방향에서 생각하고 꿈을 꾸는 데 도움이 됩니다.

DREAMING BIG
사람들에게 영구히, 상호 관계적으로, 재정적으로 자유와 희망을 가져다줄 수 있는 생각과 행동을 몸소 실천하고 다른 이들에게도 가르침으로써 하느님을 기쁘게 하는 것이 곧 내 일생의 꿈이다.
–제니스 S. S. 스웨츠

15분 정도 할애해 1억 원에 대한 질문의 답을 곰곰이 생각해 보세요. 마음속에 와 닿는 대로 무엇이든 적어 보세요. 당신에게 좀 더 현실적인 금액으로 낮춰 생각해도 좋습니다.

그렇지만 지나치게 적은 금액은 안 됩니다. 재정적으로 완전히 독립할 수 있을 정도의 금액을 생각해 보세요.

만약 내게 ___________________의 돈이 있다면
나는 ___________________________________

4일째 날에 작성한 우선순위 도표를 참고해 '되기', '하기', '갖기', '돕기' 항목에서 첫 번째 순위에 해당하는 것을 적어

보세요. 새로운 내용을 메모해도 좋고, 기존의 것에 변화를 주어도 좋습니다. 이번 주에 터득한 신선한 통찰력을 더해 자신에게 진정으로 중요한 것이 무엇인지 다시 고심해 보세요.

나는 원한다

______________	되고 싶다
______________	하고 싶다
______________	갖고 싶다
______________	놀고 싶나

일생의 꿈 계획표

꿈에 대한 진술은 짧아도 좋고 길어도 좋습니다. 그저 나에게 의미가 있으면 됩니다. 아래에 적을 내용이 마지막 계획표가 되진 않을 테니 마음껏 떠오르는 대로 적어 보세요. 이것 또한 그저 과정일 뿐입니다. 아래 서로 다른 2개의 공식을 통해 하나의 꿈으로 생각을 통합해 볼 수 있을 것입니다.

첫 번째 공식

남은 평생의 시간과 에너지와 돈을 전부 쏟아도 아깝지 않은 나의 일생의 꿈 혹은 죽기 전에 만들고픈 변화는?

나의 원대한 꿈은? (당신의 절대적 임무 혹은 목적)

이를 위한 나의 능력은? (당신의 강점)

따라서 결국에는? (당신이 만들고픈 변화)

다음을 읽고 해당하는 것에 체크해 보세요.

나의 꿈은…

□ 필요에 의해 시작되었다.

나의 필요는 ______________________________

□ 나의 강점과 크게 관련 있다.

나의 강점은 ______________________________

□ 내가 진심으로 믿고 있는 것과 동일하다.

□ 다른 이를 감화시킬 수는 없지만 나는 꿈을 향해 전진하며 한순간도 지루하지 않았다.

□ 인생에서 진정 원하는 것이다.

□ '내 인생의 열정'이라고 표현할 수 있다.

□ 나의 꿈은 현재에 안주하지 않고 도전하게 하며, 단순히 성공을 넘어 다른 이의 삶에 뜻깊은 영향을 미칠 것이다.

□ 꿈을 이루기 위한 에너지와 자신감이 넘치고, 망설이지 않고 당장에라도 실현하기 위한 계획을 세우게 된다.

언제든 자신이 주변의 관심에서 멀어졌다고 느낄 때 이 계획표를 보며 꿈을 향한 마음을 새로이 다져 보세요.

마음 탐구

1. 몸을 편히 한 다음 잠시 생각해 보세요. 처음으로 꿈의 초안을 완성
   했을 때의 기분을 되새겨 보세요. 어떤 느낌이었는지 설명할 수 있나
   요?

2. 꿈을 기록해 매일같이 볼 수 있는 곳에 붙여 놓으세요.

꿈 다듬기

어떤 결과가 나올지 상상해 보라.
머릿속에 떠오르는 영상을 넘어 세부적이고 치밀하게 묘사하라.
그런 뒤 몇 번이고 되풀이하여 스스로에게 보여주어라.
— 맥스웰 몰츠

다듬기는 당신에게 중요하지 않은 쭉정이는 솎아내고 정말 중요한 새싹만 골라 영양분을 주는 과정이다. 좀 더 집중력을 발휘해 머릿속 미래의 모습을 넣 번이고 그려보자. 이를 통해 평소 바라던 결과를 즐겁게 상상할 수 있을 뿐 아니라 지치지 않고 앞으로 전진할 주 있는 힘을 얻을 것이다.

현명하게 방향 정하기

먼 훗날 나는 어디선가 한숨을 쉬며 이야기할 것입니다
숲 속에 두 갈래 길이 있었다고, 나는 사람이 적게 간 길을
택했다고, 그것으로 모든 것이 달라졌다고.
—로버트 프로스트

대세를 따르겠는가, 나만의 길을 선택하겠는가?

크나큰 결정의 시점을 앞두고 있다고 상상해 보세요. 로버트 프로스트의 말처럼, 대부분의 사람은 두 갈래 길 가운데 사람이 많이 지나다닌 흔적이 있는 길을 선택합니다. 당신에게도 남이 먼저 지나간 그 길이 맞는 길이 될 수 있을까요? 단지 여러 사람의 선택을 받았다는 것으로, 나의 미래의 성공을 장담할 수 있을까요?

요기 베라는 이렇게 말했습니다.

"선택의 기로에 섰다면, 그저 선택하라."

말처럼 쉬운 일이라면 좋겠지만, 가끔 우리는 지금의 선택이 남은 인생에 어마어마한 영향을 미치리라는 생각에 주저하게 됩니다. 지금은 아직 '진행 중'이라는 사실을 잊지 마세요.

꿈 다듬기는 일종의 중간 점검이라고 볼 수 있습니다. 인생길을 갈고닦지 않는 사람은 종종 '헛다리 짚기' 증후군을 경험합니다. 그들은 부모나 선생 혹은 친구가 알려주는 다리가 '성공'으로 향할 것이라 확신하고 그것을 선택하지만, 후에 자신이 원하는 곳이 아닌 엉뚱한 장소로 가고 있다는 사실을 깨닫게 됩니다. 이렇듯 타인의 꿈으로는 충족감을 느낄 수 없습니다.

이제 여덟 번째 날입니다. 오늘은 다음과 같은 도움을 드리려고 합니다.

- ▸ 현명한 결정을 위한 감각 기르기
- ▸ 선택에 자신감 가지기
- ▸ 방향 찾기

비록 많은 고민과 생각이 필요하겠지만, 이를 통해 올바른 길을 인지할 수 있는 능력과 자신감을 얻게 될 것입니다.

나침반이 가리키는 북쪽 찾기

선택의 순간에는 지혜가 필요합니다. 헛된 약속이나 다른 사람이 원하는 것에 휘둘려서는 안 됩니다. 자유롭게 선택할 수 있는 방법은 감정이나 사회적 압력 혹은 일시적 기회에 방해받지 않고 자신의 평소 가치와 태도, 깊은 신념을 믿는 것입니다.

인류는 수천 년간 북극성을 지표로 두고 여행 계획을 세웠습니다. 북극성은 늘 같은 자리에서 빛나기 때문에 여행자는 북극성을 바라보며 방향을 잡을 수 있었습니다. 당신 인생의 '북극성'은 무엇인가요?

다윗왕은 자신이 내려야 하는 결정이 가져올 결과를 고심하며 이렇게 울부짖었습니다.

"주님, 당신의 길을 제게 알려주시고, 당신이 행로를 제게 가르쳐주소서."•

마음속 북극성을 찾기 위해서는 우선 다음의 세 가지 핵심적인 질문에 자신감 있는 답을 할 수 있어야 합니다.

목적에 대한 질문 나는 왜 여기 있는가? 나의 원대한 꿈은 나의 어떤 '임무' 혹은 '목적'으로 인해 촉진된 것인가? 내 꿈은 내게 가장 중요한 것을 대변해주는가?

• 시편 25장 4절 참조.

 내가 원대한 꿈을 좇고 있다면, 다음은 어떻게 해야 하는가? 내 인생을 오롯이 꿈에 투자했을 때 얻어질 결과를 생각해 보았는가? 원대한 꿈을 좇는 것이 인생의 목적과 함께 할 수 있는가?

 원대한 꿈은 내게 얼마큼 중요한가? 꿈을 실현하기 위해 남은 평생의 모든 에너지와 시간과 돈을 쏟아부어도 아깝지 않을 만큼 꿈을 신뢰하는가?

위의 질문에 어떻게 답할 것인가요? 예를 들어, 꿈이 40살이 될 때까지 10억을 버는 것이라면 그것은 정말 일생의 꿈인가요 아니면 중기 목표인가요? 일생의 꿈이라면 위의 세 가지 질문에 만족스럽게 답할 수 있어야 합니다.

DREAMING BIG
아메리칸드림이란 하느님께서 뜻하신 대로 살아갈 자유를 획득하는 것이다.
–로널드 레이건

만약 질문에 제대로 답할 수 없더라도 자책하지 마세요. 당신은 이제 막 꿈을 명확히 하는 과정을 시작했습니다. 점차 더 멀리까지 전진한 당신의 모습을 볼 수 있을 것입니다. 마침내 원대한 꿈을 성취하는 때가 되면 모든 것을 알게 될 테니 우선은 여유와 인내심을 가지세요. 그때가 되면 꿈의 에너지를 느낄 수 있을 것입니다. 당신이 선택한 인생의 방향이 매우 의미 있었다고 자신 있게 말할 수 있을 것입니다.

선택의 기술 훈련하기

우리 대부분은 목적 있는 삶을 살아가는 행로에서 때로 길을 잃기도 하고 혼란을 겪기도 합니다. 틀에 박힌 생각과 행동에서 좀처럼 벗어나지 못합니다. 중요하고 긴급한 일부터 관심을 기울여야 하지만, 별로 중요하지 않은 일에 치여 에너지가 고갈되어 버립니다. 해야 할 일이 넘쳐나는 상황에 쉽게 지칩니다. 힘들고, 피곤하고, 완전히 녹초가 되어 버립니다. 이런 이유로 우리는 잠재력을 100퍼센트 발휘하지 못하고 어느 정도 선에서 안주하게 되는 것입니다. 안주의 결과는? 대면한 자극에 대해 예측 가능하지만 그다지 바람직하지 않은 방법으로 맞서게 됩니다. 예를 들어 초과근무를 하라는 상사의 지시에 회사를 그만둘 수도 있고, 상사에게 굴복할 수도 있습니다. 아니면 회사 생활에 대한 좌절감을 집에까지 안고 돌아갈 수도 있습니다. 그렇게 되면 자그마한 일도 도화선이 되어 화가 폭발되고, 그 불똥이 당신이 가장 사랑하는 사람에게까지 상처를 줄 것입니다.

이런 형태의 행동을 다음과 같이 설명할 수 있습니다.

자극 → 반응

심리학자 파블로프의 유명한 개 실험에서처럼 인간은 자극-반응 이론의 효력을 몸소 보여줍니다. 뜨거운 난로에서 손을 떼려면 먼저 생각부터 해야 할까요? 그렇지 않습니다. 우리는 자극에 자동적으로 반응합니다. 즉, 자극이 예측 가능한 반응을 양산하는 것입니다. 하지만 우리 삶에서 더 큰 주제, 이를테면 꿈이나 가치라면 어떨까요? 꿈과 가치의 문제에서도 우리는 자극-반응 이론에 속박된 존재로서의 삶을 살아야 하는 것일까요?

나는 그렇게 생각하지 않습니다. 다행히도 당신에게는 당신이 가고자 하는 방향을 스스로 선택할 자유가 있습니다. 한 심리학 강의에서 교수는 자극-반응 이론이 많은 한계를 지니고 있다고 말했습니다. 이 이론이 인간 행동의 일부분을 설명할 수 있을지는 몰라도 인간 선택에 대해서는 전혀 고려하지 않는다고 말입니다. 따라서 좀 더 정확한 공식은 바로 아래와 같을 것입니다.

자극 → 선택의 자유 → 반응

스티븐 코비는 이러한 선택의 개념이 자신의 인생에 영향을 미쳤을 뿐 아니라 《성공하는 사람들의 7가지 습관》을 집필하는 데 기본 개념이 되었다고 기술한 바 있습니다. 어느 날 도서관에서 우연히 본 책에서 발견한 세 줄의 문장은 그를 핵심으로 확 잡아 이끌었습니다.

"자극과 반응 사이에는 공간이 존재한다. 그 공간에는 반응을 선택할 수 있는 우리의 힘과 권력이 자리하고 있으며, 그러한 선택 속에 성장과 행복이 깃들어 있다."[*]

어느 일정 자극(사람, 상황, 근무 환경)이 당신으로 하여금 어리석은 반응을 보이도록 조장하거나 당신의 꿈과 반대되는 방향으로 이끈다면, 당신이 직접 그 패턴을 변화시켜야 합니다. 자극과 반응 사이의 공간에 생각할 수 있는 능력과 선택할 수 있는 자유를 곁들이세요. 당신이 진정 원하는 것을 선택할 수 있도록 말입니다. 당신은 당신에게 가장 중요한 것을 추구할 수 있는 권리가 있습니다.

부정적 영향 → 현명한 선택 → 전진

현명한 선택으로 부정적인 영향을 차단하게 되면 꿈을 향해 전진하는 데 보다 유리한 위치를 선점할 수 있습니다. 선택의 자유가 익숙해지게 되면 일생에 거쳐 해야 할 일에 대해서도 새롭게 생각해 볼 수 있습니다.

[*] Stephen Covey, 《The 8th Habit》(New York: Simon & Schuster, 2005), 42에서 인용.

마음 탐구

1. 자신이 가려는 길에 얼마나 자신 있는지 1~10의 척도로 매겨 보세요.

2. 목적과 과정, 열정에 대한 질문으로 자신을 얼마나 알게 되었나요?

3. 오늘 내릴 수 있는 현명한 선택은 무엇이 있나요?

꿈을 토대로 평생 직업 찾기

'좋다'는 '대단하다'의 적이다
-짐 콜린스

당신이 가진 것에 대해 얼마나 만족하는가?

대부분의 사람은 직업을 갖고 있습니다. 또한 사랑하는 사람을 만나 가정을 이루고, 매일 맛있는 음식을 먹고, 함께 어울리는 친구도 몇몇 있을 것이고, 자가용을 몰고 다니고, 커다란 텔레비전을 즐길지도 모릅니다. 단지 몇 가지 나열했을 뿐인데 이것만으로도 아주 괜찮은 환경으로 보입니다.

자, 생각해 봅시다. 대개 사람은 보다 멋진 삶을 살기 위해 고군분투하지 않습니다. 이미 괜찮은 삶을 살고 있기 때문입니다. 멋진 결혼 생활을 위해 노력하지도 않습니다. 이미 나름대로 괜찮은 가정을 유지하고 있기 때문입니다. 또한 가족과 함께 멋진 시간을 보내지는 못할지라도 썩 괜찮은 시간을 보내고 있다고 생각합니다. 그리고 자신이 뭔가 대단한 일을 하고 있지는 못해도 그런 대로 괜찮은 일을 하고 있다고 여깁니다.

수렁에 빠지다

우리의 삶이 겉으로는 그럴듯해 보이더라도, 그 안을 들여다보면 좋지 못하다고 느낄 때가 많습니다. 항상 옆에 나를 응원해주는 사람이 없다면 '그저 그렇게 되는 대로' 현실에 안주하게 될 것입니다. 그리고 나서 이렇게 말하기 시작합니다.

"어쩌면 처음부터 불가능한 꿈이었는지 몰라. 내게 그런 잠재력이 있을 리가. 지금 상황에 만족하는 편이 나을 거야. 다른 사람들처럼 그렇게 평범하게 사는 게 쉽고 편하지."

어느 순간 우리는 가까운 미래에 우리가 될 뻔한 혹은 성취하려 했던 목표의 그저 부분적 존재로 만족하는 자신을 발견하게 됩니다. 이렇듯 일생의 꿈 없이는 자신도 모르는 사이 수렁에 빠지기 쉽습니다.

빠져나오다

짐 콜린스는 저서 《좋은 기업을 넘어 위대한 기업으로》에 이렇게 기술했습니다.

"의미 없이는 위대한 삶도 없다. 또한 의미 있는 일 없이 의미 있는 삶은 없다."[*]

자신이 현재 하는 일에 과연 의미가 있는지 궁금한가요? 나는 지난 몇 년간 수많은 사람을 상담했지만, 자기가 일하는 분야에서 성공을 거둔 이조차 그 일을 계속해야 할지에 대해 회의감을 드러냈습니다. 그들은 하나같이 '평생 직업'을 찾아 헤매고 있었습니다. 그러다가 우리는 중년에 접어들 즈음 의미 있는 일을 찾아보겠다며 회사를 그만두고 자연에 파묻혀 살고 싶어 할지도 모릅니다.

중년의 위기에 빠진 사람은 이렇게 말하곤 합니다.

"나는 이것저것 웬만큼은 다 잘해. 딱히 뛰어난 건 없지만."

"시간이 지나면 내가 뭘 원하는지 알게 되겠지."

"언젠가는 하리라고 결심했던 일이 있었는데 그게 뭐였는지조차 아직 찾지 못했어."

인생길에 확신이 서지 않는다면 평생 직업의 개념이 주제를 좀 더 명확히 하는 데 도움을 줄 것입니다. 많은 사람이 거치게 되는 삶의 과정은 직업, 경력, 평생 직업으로 설명할 수 있습니다. 평생 직업 쪽으로 향하는 길이 꿈에 다가가는 가장 가까운

---

[*] Jim Collins, 《Good to Great》(New York: Harper Collins, 2001), 1.

지름길이 될 것입니다.

　평생 직업을 찾는 과정에서 어떤 사람은 성공 증후군에 사로
잡히기도 합니다. 성공 증후군이란 성공을 하더라도 자신이 쌓
은 부나 성과를 제대로 통제하지 못하는 것입니다. 성공 증후군
을 앓는 사람은 그간의 삶에서 보상받은 것이 별로 없다고 생각

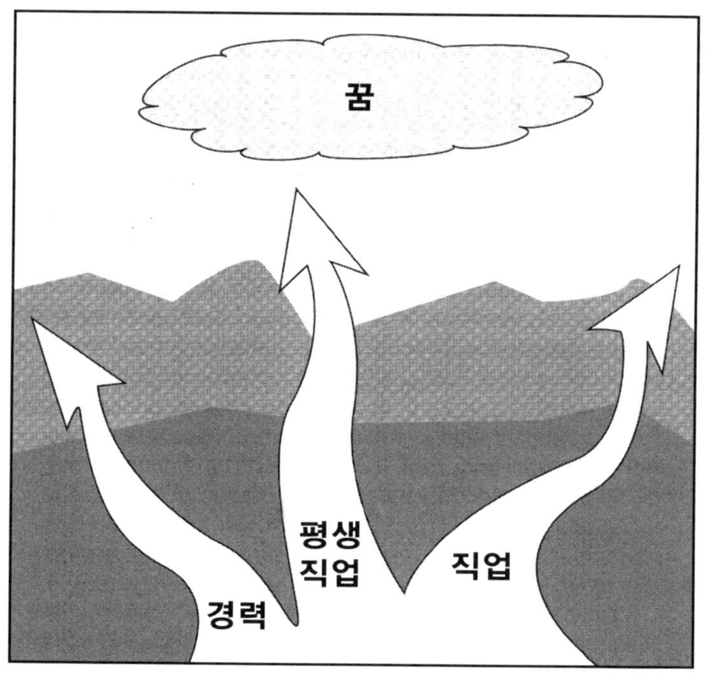

하기 때문에 뭐든 갖고 싶은 걸 마음껏 취하는 것이 당연하다고
여깁니다. 그들은 과소비를 하거나 이상한 옷차림을 하거나 운

동에 집착합니다. 그 결과 비극적인 중년을 맞이하는 경우도 있습니다. 분노가 가득 찬 마음으로는 그 어떤 의미도, 방향성도 없는 행동을 할 뿐입니다.

뚫고 나오다

남은 인생 동안 자신이 가장 잘할 수 있는 일을 찾고 싶고, 의미 있는 삶을 향해 나아갈 수 있는 길 한가운데 떡하니 버티고 있는 벽을 허물고 싶은가요? 그렇다면 다음의 기준에 맞춰 현재 하고 있는 일을 판단해 보세요.

나의 강점을 마음껏 발휘할 수 있는 곳에서 일하고 있다

자신의 강점을 분명하게 알고 있나요? 대개 사람은 자신이 무슨 일을 하는지는 잘 알고 있지만, 최고로 잘하는 일은 무엇인지 제대로 알지 못합니다.

한번은 한 회의에 참가한 적이 있는데, 그곳에서 피터 드러커 박사도 내게 같은 질문을 던졌습니다.

"제일 잘하는 게 무엇입니까?"

순간 내가 제법 잘하는 세 가지가 머릿속에 떠올랐지만, 그 중 어느 것을 최고로 잘하다고 쉽게 대답할 수는 없었습니다. 그래서 나는 절친한 친구를 찾아갔고, 그의 도움으로 내 강점을 발견할 수 있었습니다.

자신의 강점을 발견하기 쉽지 않다면 우선 잘한다고 생각하는 일을 5~10개 정도 적은 다음 그중에서 순위를 매겨 보세요. 당신의 평생 직업이 무엇이 될지는 모르지만, 그 일은 분명 강점을 극대화하는 마법을 지녔을 것입니다.

절대 지치지 않는다

평생 직업에 몰두하는 순간에는 비록 몸은 피곤할지라도 그 결과는 사탕처럼 달콤하게 느껴질 것입니다. 나 또한 계속되는 업무에 피로하고 때론 앓아눕기도 하지만 막연함 대신 자신감과 확신이 반짝이는 사람들의 눈빛을 보는 일만큼은 절대 지루하지 않았습니다. 앞으로 일할 날이 20~30년 정도 더 남은 30대 후반에서 40대 초반에는 지금 하는 일이 매우 가치 있고 고귀한, 인생 최고의 일이라는 사실을 믿어야 합니다.

흔들림이 없다

현재 하는 일이 나에게 맞지 않는다는 생각을 한 적이 있나요? 혹은 친한 친구로부터 이런 이야기를 들을 적이 있나요?

"그 일도 그리 오래갈 것 같지 않아. 너한테 별로 어울리지 않는 것 같아."

이런 경우, 현재 하는 일이 자신의 평생 직업이 아니기 때문입니다. 아마 당신이 평생 직업을 찾게 된다면 친구는 분명 이렇게 말할 것입니다.

"아하, 네가 드디어 제자리를 찾았구나!"

더불어 당신은 진정한 행복이 무엇인지 찾을 수 있을 것입니다.

경제적 보상을 받는다

평생 직업은 어느 정도의 돈을 벌 수 있는 것이어야 합니다. 만약 그렇지 못하다면 그 일은 취미나 소일거리에 머무를 뿐 평생 직업으로는 적합하지 않습니다.

그렇지만 자신이 평생 직업으로 삼고 싶은 그 일이 당장은 수입을 내지 못한다 해도 쉽게 포기해서는 안 됩니다. 스스로에게 물어보세요.

'좋아하는 일을 하면서 돈도 벌려면 나는 지금 무엇을 어떻게 하는 게 좋을까?'

충분히 만족할 수 있다

'만족'이란 평생 직업을 찾고자 하는 사람끼리 통하는 일종의 전문 용어와 같습니다. 세상에는 자신이 하고 싶은 일을 찾기 위해 억대 연봉을 마다하는 사람도 있습니다. 그들은 보다 의미 있는 일을 하기 위해, 새로운 도전을 위해 기꺼이 그에 대한 대가를 치르려고 합니다.

이 주제에 대해서는 명확하게 의견을 정리하기가 쉽지 않습니다. 그렇지만 반드시 진지하게 고민할 가치가 있는 중대한 일입니다. 자신의 평생직장에 대해 신중히 생각하다 보면 하고 싶은 일이 무엇인지, 그 일이 자신에게 얼마나 어울리는지 알 수 있을 것입니다. 평생 하고 싶은 일에 대한 신념이 명확해지면 일생을 통해 이루고 싶은 꿈 또한 보다 확실한 모습을 갖추게 될 것입니다.

마음 탐구

1. 평생 직업의 특징과 현재 내가 하고 있는 일은 얼마나 일치하나요?

2. 지금의 일이 나를 일생의 꿈으로 이끌고 있다고 느끼나요 아니면 전혀 다른 방향으로 가고 있다고 느끼나요?

3. 평생 직업을 찾기 위해 지금 할 일은 무엇이라고 생각하나요?

꿈에 투자하기

사람은 고도의 교육을 받을 수 있고, 전문적으로
성공할 수 있으며, 재정적으로 무능해질 수도 있다
—로버트 T. 기요사키

당신의 꿈에 투자하기 위해 어떻게 계획을 세울 것인가?

많은 사람이 꿈을 꾸지만 결승 지점에 도달하는 방법은 알지 못합니다. 경마장에서 우승을 간절히 바란다고 한들 좋은 말이 없다면 불가능한 바람에 불과합니다. 억대 수입을 벌어들이는 인기 기수라 해도 다리가 부러진 말로는 안장에조차 오를 수 없습니다. 또한 잘 훈련된 말을 탄 세계 일류 솜씨의 기수라 해도 제시간에 결승선에 도달하지 못할 수도 있습니다.

당신을 꿈에 도달하게 할 자원에 충분한 투자를 하고 있나요? 그렇지 않다면, 꿈을 좇는 당신이 재정을 고려해 선택할 수 있는 영역에는 어떤 것이 있나요?

꿈에 투자하려면 구체적으로 무엇을 해야 하는지 본론에 들어가기에 앞서 투자의 중요성을 이야기하고자 합니다.

포춘지가 선정한 상위 500대 기업 중 7곳에서 임원직을 역임하고, 은퇴 후에는 의사 협회에서 금융 컨설턴트로 활동하는 메이어 씨를 만난 일이 있습니다. 당시 그는 의사 협회에서 계획하고 있는 호텔 신축을 위해 에이커당 수백만 달러를 들여 대서양 연안의 토지를 매입하는 데 성공한 직후였습니다. 그의 사업적 혜안을 알아채고, 그에게 물었습니다.

"당신이 만약 나였다면 어디에 투자했을까요?"

그는 이렇게 말했습니다.

"내가 당신이라면 내 자신에게 투자하겠습니다. 멋진 집을 사서 될 수 있는 한 빨리 집값을 지불하고 그다음부터는 내 꿈과 아이디어에 전부 투자하겠어요. 자신의 꿈을 믿으세요. 그 꿈에 투자하세요. 그러면 계속해서 수입을 만들어낼 수 있는 능력이 생기고, 현명한 결정을 내릴 수 있는 능력도 얻게 될 겁니다. 이는 또한 가족의 미래에도 긍정적인 영향을 미칠 것입니다."

어떤가요? 메이어 씨의 조언이 당신에게도 적용되는가요? 힘들게 번 돈의 일부를 꿈에 투자하는 방안을 생각해 보세요.

로버트 기요사키는 베스트셀러 《부자 아빠 가난한 아빠》에서 수입은 보통 4가지 방법으로 발생한다고 말했습니다.

1. 피고용인으로서 얻은 수입
2. 자영업자로서 얻은 수입
3. 자본 투자로 얻은 수입
4. 고용인으로서 얻은 수입 •

기요사키가 말하는 '가난한 아빠'는 1, 2번에 해당하는 사람입니다. 아마 당신의 아버지도 같은 말을 했는지 모르겠습니다.

"공부를 잘해야 월급 많이 주는 직장을 다닐 수 있다."

사람들은 보통 돈을 위해서 일을 한다고 생각합니다. 즉, 시간을 돈으로 환산하는 것입니다. 하지만 거기에는 단점이 있습니다. 피고용인은 개인적인 자유를 박탈당합니다. 몇 시에 일을 시작하고, 몇 시에 점심을 먹고, 몇 시에 집에 돌아가고, 얼마의 돈을 받고, 언제쯤 수입이 인상될지 이 모든 사항이 다른 누군가에 의해 결정됩니다. 즉, 다른 이의 목표와 꿈과 가치에 휘둘리게 되는 것입니다.

• Robert T. Kiyosaki, 《Rich Dad, Poor Dad》(New York: Warner Books), 2000.

의사, 변호사 혹은 기타 전문 분야 혹은 자영업자도 마찬가지입니다. 그들이 시간을 돈으로 환산하는 일을 합니다. 일을 중단하면 수입이 끊기게 됩니다. 옛날 사업가도 이와 똑같은 돈의 순환에 얽매여 있었습니다. 그들이 사업을 운영하는 것이 아니라 사업이 그들을 운영하는 셈이었습니다.

'가난한 아빠'와 달리 '부자 아빠'는 어떻게 투자하고 어떻게 사업을 운영하는지 스스로 판단합니다. 이들의 기본 아이디어는 돈이 일하게 하는 것입니다. 꽤 그럴싸하게 들리지만, 막상 자본에 투자하거나 사업을 하려면 막대한 자금이 필요합니다. 그렇다면 보통의 평범한 사람은 어떤 방법으로 꿈에 투자할 수 있을까요?

'완벽한 사업'이라고 제목을 붙인 인터뷰에서, 기요사키는 네트워크 마케팅 혹은 평범한 사람이 수익을 낼 수 있는 프랜차이즈 사업을 예로 들었습니다. 프랜차이즈의 가장 큰 이점은 신중하게 고안한 사업 모델과 훈련 시스템입니다. 기요사키는 말했습니다.

"몇 년간 로열티를 지불해야 한다. 하지만 조만간 큰 수익을 내게 되면 재정적으로 자유로워질 수 있다."[*]

---

[*] Kiyosaki, 'The Perfect Business' 인터뷰에서 인용.

단순히 자신이 하고 있는 일을 넘어 수익의 흐름을 발전시키려면 만족을 지연하는 법을 배워야 합니다. 그러려면 끈기와 집중력과 강한 정신력이 필요합니다.

당신의 마음을 잘 안다고 자부하는 못된 사람의 기운 빠지는 말에 흔들리지 마세요. 그들은 결코 당신 마음의 핵심을 파악하지 못합니다. 남의 말이 아닌 자신의 꿈과 열정, 용기를 가져야 미래로 향할 수 있습니다.

꿈에 투자하려면 꿈을 축소하기보다 수입을 늘리는 방안을 택해야 합니다. 오늘날 재정 환경으로는 다양한 수입원을 만드는 일이 충분히 가능합니다. 갑작스레 직장을 잃게 되면 하나의 수입원이 줄어들기에, 의지할 수 있는 수입원이 적어도 2개 이상은 있어야 합니다. 자신에게 오픈되어 있는 대상에게 투자하세요. 그것을 위해 알아야 할 사항을 확인하고 부지런히 탐구하세요.*

---

* 이력을 바꾸고 싶다면, 다음의 책이 당신의 결정에 대해 찬성과 반대 의견을 제시함으로써 객관적으로 생각하는 데 도움을 줄 것입니다. Robert Kiyosaki, 《Before You Quit Your Job》(New York: Warner Business Books), 2005.

마음 탐구

1. 현실적으로 자신의 꿈에 관해 재정적으로 잘 알고 있나요?

   알고 있다 □   알지 못한다 □

2. 다음 단계로 향하기 위해 어떤 재정적 조언이 필요한가요?

3. 재정적 평화를 위해 어떤 책이 도움이 될까요?

전략적으로 계획 세우기

전략이란 어떻게 완성할 것인가에 대해 명확히 선택하는 것을 말한다
—잭 웰치 [*]

가장 중요한 것은 닭인가, 달걀인가?

슈퍼볼에서 우승하려면 공격이 중요할까요, 방어가 중요할까요? 삶에 활력을 불어넣으려면 꿈을 명확히 하는 것이 필요할까요, 분명한 계획을 세우는 것이 필요할까요?

아무리 계획을 잘 세워도 꿈이 없다면 에너지원과 연결되지 않은 전기선에 불과합니다. 명확한 꿈은 활력을 불어넣고, 전략적 계획은 어떻게 장애를 넘어 승리할 수 있는지 알려줍니다.

[*] Jack Welch, 《Winning》(New York: Harper Collins Publishers), 2005.

단기 계획과 장기 계획

계획은 꿈으로 향하는 계단과 같습니다. 단계별 가이드는 앞으로 무엇을 해야 하는지 알려줄 것입니다. 분명한 계획은 현실적이고 객관적인 측정과, 시간별 기록이 가능한 행동을 실천하게끔 합니다.

빌 앤더슨은 장기 계획에 대한 중요한 통찰력을 다음과 같이 이야기했습니다.

"리더란 뛰어난 현실감각과 앞으로 무엇이 될지에 관한 명확한 비전을 갖게 마련이죠. 하지만 아무리 유능한 리더라도 실용적이고 현실적인 90일~1년간의 계획을 필요로 합니다."

장기적 관점에서 단기 계획을 수립하는 것이 최선이라는 생각에 나 역시 동의합니다.

꿈의 우선순위와 직업

단기 계획은 물론 장기 계획을 세울 때 우선 고려해야 할 점은 현재 직업과 꿈의 연계성입니다. 아마도 현재 직업에 대해 이런 생각을 하며 우울해하고 있을 것입니다.

"지금 하는 일은 내 꿈과 아무런 상관이 없어."

그건 사실일지도 모릅니다. 하지만 생각을 바꾸면 지금을 미래를 위한 배움의 시기로 만들 수 있습니다. 질문을 던져보세요.

•▸ 지금, 꿈을 좇는 데 보탬이 될 교훈을 배울 수 있다면 무엇이 있을까?

•▸ 꿈을 향해 전진하는 데 현재 도움될 만한 사람은 누가 있을까?

•▸ 나의 현재 재정이 꿈에 투자할 만한 상황이 되나? 그렇다면 얼미니 오랫동안 투자가 가능할까? 그렇지 않다면, 다른 어떤 선택을 할 수 있을까?

현재 하는 일의 맥락에서, 자신이 전략적으로 계획하고픈 꿈을 선택하고 다음에 나올 전략서를 완성해 보세요.

행동으로 이어지는 똑똑한 계획

지금껏 머릿속에서만 수없이 많은 계획을 세우며 시간을 보냈다면 그간의 계획은 망설임 없이 전부 버리세요. 행동으로 이어지는 계획이라야 효력을 발휘합니다. 앙리 베르그송은 이렇게 표현했습니다.

"행동하는 사람처럼 생각하고, 생각하는 사람처럼 행동하라."

단지 반응하는 것이 아니라 먼저 나서서 행동할 수 있는 권리와 자유를 사용하세요.

전략서

꿈 ____

날짜 _______________________

목적 이 꿈이 나에게 왜 중요한가?

장해물 꿈을 좇는 데 방해가 되는 세 가지는 무엇인가?

1.

2.

3.

자원 장해물을 넘어서는 데 도움이 될 핵심 자원 세 가지는 무엇인가?

1.

2.

3.

우선순위 성취하고자 하는 객관적 결과는 무엇인가? 또한 구체적인 기한은 언제까지인가?

1.

2.

3.

행동 위의 결과를 성취하기 위해 다음 단계에 해야 할 행동은 무엇인가?

1.

2.

3.

마음 탐구

1. 전략표를 작성하고, 멘토나 믿을 만한 친구에게 조언을 구해 보세요.

2. 전략표를 바탕으로, 자신의 우선순위에 자리하고 있는 꿈을 위한 계획를 세워 보세요.

꿈 에너지로 열매 맺기

기본적으로 두 가지 타입의 사람이 있다. 무언가 성취하는 사람과
이미 성취한 것을 손에 넣으려는 사람. 그중 첫 번째 부류의 수가 더 적다
—마크 트웨인

원하는 것을 성취했는가?

누구나 목표를 성취하고 싶어 하지만 현실은 그리 녹록지 않습니다. 이미 실패해 꿈을 잃은 지 오래일 수도 있고, 매일 바쁜 일상을 살아가지만 그다지 이룬 게 없을 수도 있습니다. 또 꿈을 향해 어떻게 발걸음을 내딛어야 할지 막막할 수도 있습니다.

그렇지만 마냥 그대로 주저앉을 운명이 아니라고 믿는다면, 마음속 열정이 어서 의미 있는 일을 하라고 신호를 보내온다면, 관성의 법칙 따위 무찌르고 싶다면 당신은 이미 목표를 성취할 준비가 되어 있습니다. 이제 꿈의 에너지를 연료 삼아 자신감 어린 발걸음을 내딛어 보세요.

꿈을 향해 나아갈 수 있는 자신감을 회복하려면 일단 보잘것없고 미미한 발걸음이라도 내딛어야 합니다. 내 동료의 경험이 좋은 예가 되어줄 듯합니다.

대학 시절, 폴은 성공한 연설가가 되고 싶었지만 많은 사람 앞에서 이야기하는 걸 두려워했습니다. 그는 자신의 두려움과 대면하기 위한 연습에 나섰습니다.

우선 시끄러운 소음이 가득 찬 저층 건물의 보일러실로 들어갔습니다. 보일러실의 온갖 배관을 청중이라고 상상하고, 보일러실의 소음을 뚫고 큰 목소리로 연설 연습을 했습니다. 말하던 중 갑자기 멈추거나 원고를 잘못 읽거나 단어를 틀리게 말하는 등 실수를 반복했지만 배관이나 엔진은 그가 어떤 실수를 하든 전혀 신경 쓰지 않았습니다. 그저 시끄럽게 떠들 뿐이었지요. 그렇게 연습을 거듭하다 보니 그는 한결 자연스럽게 연설할 수 있었습니다.

> 나는 자신감을 얻기 위한 선택을 감행하는 사람들을 수없이 많이 봐왔다. 천성적으로 외향적이라거나 자신감이 넘치는 성격이 아니라면, 자신감 넘치는 태도를 보이기로 선택하면 될 일이다.
> ―리치 디보스

그다음 그는 코치를 찾아나섰습니다. 그러던 어느 날, 우연히 한 대학 언어학과 게시판을 보고 웅변대회가 열린다는 사실을 알게 되었습니다. 모든 참가자는 대회 준비 기간 동안 경험 많은 교수의 지도를 받게 된다고 적혀 있었습니다. 그는 경험을 쌓고 교수의 지도도 받을 겸 웅변대회 참가를 결정했습니다. 그렇게 해서 만나게 된 지도 교수는 폴에게 그의 어떤 점이 훌륭하고 어떤 점이 부족한지 상세히 알려주었고, 더 잘하려면 어떻게 해야 하는지 이끌어주었습니다. 그 결과 폴은 지역 웅변대회에서 우승을 차지했고, 전국 5등이라는 영예를 안게 되었습니다.

이처럼 두려움은 행동함으로써 극복할 수 있습니다. 자신감을 가지고 움직인다면 누구든 자신의 두려움을 극복하고, 꿈의 에너지로 달콤한 열매를 맺을 수 있습니다. 보잘것없는 발걸음이라도 성실하게 내딛으세요. 그 발걸음이 모여 자신감이 됩니다.

관심의 대상 결정하기

끈기 있게 꿈에 집중하려면 자주 꿈을 상기해야 합니다. 꿈에 열정을 불러일으킬 사진을 냉장고에 붙이든, 꿈에 대한 문구를 집 안 곳곳에 놓든 어떤 방법도 좋습니다. 꿈을 자주 상기하면 마음을 어지럽히는 일과 싸우는 방법을 알게 되고, 날카로운 통찰력을 지니는 독창적인 방법도 찾을 수 있습니다. 폴은 그의 꿈을 자동차 선바이저에 붙이고, 거기 이렇게 적어놓았습니다.

"하느님께서 세상을 변화시키기 위해 행하셨던 놀라운 일들의 일부가 되자. 한 번에 한 사람씩."

그는 차에 오를 때마다 꿈을 되새기고 열정을 불태웠습니다. 이는 또한 그의 '세계'에 대한 비전을 확장시켜, 사람을 만날 때마다 그 의미를 새롭게 각인시켜주었습니다. 이 모든 것이 그로 하여금 꿈을 향해 계속 전진하게 했습니다.

이렇듯 자신만의 도구로 꿈을 새기는 방법을 찾아보세요. 또한 열한 번째 날 작성한 전략표를 복사해 매일같이 들여다보세요. 전략을 다시금 살피며 스스로에게 질문해 보세요.

1. 내게 중요한 것에 명확한 비전을 갖고 있는가?

2. 마주한 장해물과 그것을 물리칠 방법을 이해하고 있는가? 만약 그렇지 못하다면, 어떤 책을 읽으면 도움이 될까? 누구에게 지도를 받으면 좋을까? 꿈을 향해 박차를 가하려면 오늘 혹은 이번 주에는 무엇을 해야 할까?

3. 지금 당장 꿈을 향해 나아갈 수 있을 만큼 충분히 열정적인가? 만약 그렇지 않다면, 나를 방해하는 건 무엇인가?

4. 두려움은 나를 어떤 방식으로 얽어맬까? 두려움을 극복하려면 어떤 행동을 취해야 할까?

5. 다음 단계를 분명히 하려면 어떤 변화가 필요할까?

6. 나는 지금 진전을 보이고 있는 게 맞나?

꿈에 몰입하는 일은 종종 주위의 방해를 받기도 합니다. 상사가 당신의 시간을 멋대로 가진다든지, 사랑하는 사람이 꿈을 막는다든지, 친구가 나의 꿈을 놀릴지도 모릅니다.

주변 사람이나 상황이 호의적이지 않더라도 그에 흔들리지 말고 자신이 할 수 있는 일을 찾으세요. 가능한 목표를 행동으로 옮길 때 좌절감과 어두운 기운은 자연히 사라집니다. 다른 사람의 요구나 비웃음에도 굴복하지 마세요. 오히려 더욱 용기를 내서 나의 인생을 선택하세요. 만약 사랑하는 사람이 나의 꿈을 반대한다면 그 혹은 그녀에게 지지를 얻을 방법을 찾으세요. 내가 꿈을 이룸으로써 사랑하는 그에게 어떤 좋은 점이 있을지 생각해 보세요. 그 혹은 그녀의 마음에 다가갈 수 있는 법을 배운다면 다른 사람의 마음에 닿는 길 또한 찾을 수 있을 것입니다.

성공을 가시화하기

사람을 움직이는 가장 강력한 동기는 '꿈이 완벽하게 이루어졌을 때의 모습'을 그리는 것입니다. 월트 디즈니에게 꿈은 몽상이 아니었습니다.

"꿈을 꿀 수 있다면, 할 수 있습니다."

그는 디즈니 월드를 이룩하기 전에 이미 그것을 '보았습니다.'

어떤 그림이나 영상 혹은 청사진이 당신의 꿈을 이야기하고 있나요? 보고, 만지고, 느껴 보세요. 냄새를 맡고, 맛보고, 가능한 귀 기울여 보세요. 마음껏 앞날을 그리며 꿈을 향해 가세요.

다음 단계 밟기

길바닥에서 시작해 세계적인 복싱 선수가 된 한 남자에 대한 일화를 들은 일이 있습니다. 그 이야기를 들려준 사람은 다음과 같은 말을 했습니다.

"대부분 사람들은 많은 것을 원하지만, 직접 그것을 손에 넣으려고 나서지는 않아요. 그들은 그저 누군가 자신의 손에 원하는 것을 쥐여주기를 바라는 망상가에 불과합니다."

모든 꿈에는 지금껏 배운 것을 토대로 건설한 일정한 행동 법칙이 필요합니다. 팻 윌리엄스가 언급했듯, 여기서 원칙이란 '성취하고 싶은 것을 성취하기 위해 하고 싶지 않은 무언가를 해야 하는 것'을 말합니다.•

> 실력은
> 실천에서 나온다.
> —랄프 왈도 에머슨

다음 단계로 나아가는 데 있어, 아무리 근사한 계획이라도 스스로 기회를 만들지 않으면 아무 소용이 없으며 반면 조금 엉성한 전략이라도 기회가 다양하다면 그 꿈은 얼마든지 실현 가능하다는 것을 기억하세요.

• Pat Williams, 《How to Be Like Rich DeVos》(Deerfield Beach, FL: Health Communications, 2004), 151.

자신의 힘으로 어떻게 할 수 없는 완력이, 자신의 힘으로 바꿀 수 있는 무엇을 훼방놓도록 내버려두지 마세요.

마음 탐구

1. 나 그리고 나의 꿈에 자신감을 갖기 위해 이번 주, 내일 혹은 지금 당장 무엇을 해야 할까요?

2. '관심의 대상 결정하기'의 질문에 대한 자신의 대답이 마음에 드나요? 그렇지 않다면, 다음은 어떤 행동이 필요할까요?

3. 성공을 가시화하기 위해서는 무엇을 해야 할까요?

4. 꿈을 향한 다음 단계는 무엇일까요?

삶의 균형 잡기

사람이 온 세상을 얻고도 제 목숨을 잃으면 무슨 소용이 있겠느냐?•
−예수

현재의 삶은 균형 잡히고 통합되었는가?

《세일즈맨의 죽음》에서 주인공 윌리 로만은 '물질주의자'입니다. 그는 인간의 존재 가치를 물질적인 것으로 평가할 수 있다고 믿으며, 물질에 자신의 영혼을 파는 남자로 묘사됩니다. 로만은 자신의 믿음을 자식에게 대물림하려고 하지만 그 과정에서 스스로 자멸하고 더불어 자식의 인생마저 망가뜨리기에 이릅니다. 로만이 자살한 다음 그의 아들들은 이렇게 결론 내립니다.

"아버지는 옳지 않은 꿈을 꾸었어."

• 마태복음 16장 26절.

잘못된 꿈은 삶을 어그러뜨립니다. 삶의 균형은 불균형을 바로잡는 과정이며, 옳은 가치를 추구하고 꿈을 만드는 것입니다.

삶이 균형 있게 나가지 못하면 타인은 물론 자신과 조화를 이루지 못합니다. 지나친 욕구가 나를 먹어치우고, 모든 관계가 틀어지며, 고통이 찾아듭니다. 삶의 목적과 즐거움을 잃고, 어디서 다시 되찾을지 모르게 됩니다. 존재의 고결함이 사라집니다.

기업가인 쉘리 바우어는 자신의 삶의 균형이 무너졌을 때의 상황을 이렇게 이야기했습니다.

"그때를 기억해요. 나는 나를 잃었어요. 나 외의 모든 사람이 대단하게 느껴졌지요. 삶을 상실했다는 것이 고통스러웠어요."[*]

아름다운 모빌 조각이 줄에 매달린 채 균형을 이룬 모습을 그려 보세요. 모빌의 단 하나의 조각에만 무게를 싣는다면 모든 조각이 흉하게 엉길 것입니다. 삶 역시 마찬가지입니다. 모든 힘과 시간과 돈을 한군데 쏟으면 다른 중요한 곳에 미처 관심을 기울이지 못하게 됩니다. 삶의 조화와 균형이 사라지고, 아름답지 못하게 서서히 변형될 것입니다. 작은 변화는 피로, 재정적 어려움, 게으름, 심장병, 식이장애 등 문제를 불러오지만 삶의 균형을 잃어가는 사람은 경고신호를 인식하지 못합니다.

---

[*] Shelley Baur, 《Commercial Appeal》, 9/12/03, C1.

경고 신호

삶이 균형이 잃을 즈음 쿵쿵 신호가 울립니다. 아주 작은 소리로 시작해 나중에는 무시하지 못할 만큼 시끄러워집니다. 이러한 삶의 경고신호를 무관심과 바쁨, 술 혹은 맹목적인 야망으로 덮을 건가요 아니면 잘못을 바로잡을 기회로 삼을 건가요? 다음은 현재 삶의 균형을 알아보는 진단입니다. 솔직히 체크하세요.[*]

- ☐ 가족이 만족할 만큼 그들에게 관심을 보인다?
- ☐ 은퇴 후에도 충분한 소득을 벌 수 있을 거라 자신한다?
- ☐ 현재 하고 있는 일에 만족한다?
- ☐ 친구, 직장 동료, 동업자와 감정적으로 깊이 묶여 있다?
- ☐ 발전한 부분이 있다? (예:지식이 풍부해졌다, 참을성이 많아졌다, 기술이 좋아졌다, 도전 정신이 강해졌다 등)
- ☐ 잠자는 동안에는 모든 걱정에서 벗어나 편히 쉴 수 있다?
- ☐ 생기가 넘치고, 몸이 튼튼하다?

위의 질문에 하나라도 체크하지 않은 것이 있다면 이미 불균형의 신호를 느꼈을지도 모릅니다. 그렇다면 자문해 보세요.
'어떻게 하면 삶의 균형을 되찾을 수 있을까?'

---

[*] 〈Life@Work Journal〉, 2000년 11월(3권) 12월(4권), 80에서 인용.

수년간 내 삶은 흩어진 퍼즐 같았습니다. 퍼즐을 모아 삶의 균형을 이루기는 어려웠습니다. 그러다 문득 퍼즐을 8가지로 나누었습니다. 삶을 균형 있게 만드는 8가지 범주는 다음과 같습니다.

가족 직계가족 및 그보다 확장된 의미의 가족
재정 돈, 투자, 부채 관련
직업 경력 혹은 직업 활동
사회 친구, 모임, 공적 활동
영혼 종교와의 관계
정신 독서, 학습, 개인적 성장 목표
감정 사랑, 분노, 희망, 걱정, 자신감 등
육체 운동, 영양, 휴식

다음의 삶의 균형표는 균형 잡힌 계획을 작성하는 틀이 됩니다. 모든 요소를 기록할 수 있게 크게 만들어 작성해 보세요. 네 번째 날 작성한 '되기, 하기, 갖기, 돕기' 목록을 가져와 다시 단기, 중기, 장기로 나눈 다음 꿈을 재정비해 보세요.

단기 1년 이하의 기간이 소요되는 우선순위
중기 1년~10년 이하의 기간이 소요되는 우선순위
장기 죽기 전 언젠가는 실현하고픈 우선순위

어디든 편히 쉴 수 있는 곳을 찾아 1시간 이상 시간을 보내며 도표를 작성하세요. 꿈을 하나하나 살피며 자문해 보세요.

'삶의 8개 범주 가운데 이 꿈은 어디에 들어맞을까? 현실적으로 언제쯤 이 꿈을 이룰 수 있을까?'

도표를 통해 삶의 불균형을 인식하고, 올바른 균형을 잡을 수 있습니다. 작성을 마친 다음에는 도표의 각 우선순위를 1~10의 척도(1:불명확, 10:매우 명확)로 꿈의 명확성 점수를 매겨 보세요.

삶의 균형표			
삶의 범주	단기 우선순위 (1년 이하)	중기 우선순위 (1~10년)	장기 우선순위 (죽기 전)
가족			
재정			
직업			
사회			
영혼			
정신			
감정			
육체			

나의 중심에 서서 삶의 원칙을 꼼꼼히 살펴보세요. 중심에 있는 건 곧 중요한 무엇이며, 이는 삶에 다양한 영향을 미칩니다. 때로 중심은 자아의 모습을 비추기도 합니다. 윌리 로만은 자아가 이끄는 삶을 살았습니다. 그는 어마어마한 돈이 있었지만 외롭고 적적하고 허전하고 우울했습니다. 그에게 자아는 신과 같았지만 결국 자아에 의해 삶이 파괴되고, 죽음으로 내몰렸습니다.

억만장자 리치 디보스는 부의 한계를 이렇게 말합니다.

자아의 전적인 지배를 받는다면
개인의 균형이 깨지고
오로지 자신의 취향과 요구에
의해 움직이게 될 것이다.
결국 개인의 본성에 적대적이
되고 말 것이다.
－노먼 커즌스

"가난한 사람은 충분한 돈만 있다면 모든 문제가 해결될 거라는 환상을 안고 살아간다. 하지만 정작 그 돈을 손에 쥐게 되면 돈의 한계를 깨닫게 될 것이다. 돈으로는 마음의 평화를 살 수 없으며, 엉망이 된 인간관계를 되돌릴 수도 없고, 삶에 의미를 불어넣을 수도 없으며, 죄책감도 상처받은 마음의 고통도 없앨 수 없다."

Pat Williams, 《How to Be Like Rich DeVos》, 234.

Norman Cousins, 《Human Options》(New York: W.W.Norton&Company, 1981), 68.

나의 삶의 중심에 무엇이 자리하는지 생각해 보았나요? 폴과 나는 우리 삶의 중심에 자리하는 것이 각자의 삶에 어떤 영향을 미치는지 '삶의 8가지 차원' 차트를 만들었습니다.

| 삶의 여덟 가지 차원 |

지금 삶의 '중심'에 두고 싶은 건 무엇인가요? 지금 삶의 중심에 꿈이 자리하고 있나요? 꿈이 영혼에 힘을 실어주고 있나요?

마음 탐구

1. 삶의 중심에 무엇을 놓고 싶은가요?

2. 삶의 중심점과 일치하도록 일생의 꿈을 조정할 방법이 있나요?

3. 삶의 균형을 찾기 위해 오늘 무엇을 시작하면 좋을까요?

유아적 단계 넘어서기

지금 그대로 정착해서는 원하는 모습이 될 수 없다
—맥스 디프리

무엇이 되고 싶은가?

지난 시절, 혹시 부모나 선생 혹은 친구로부터 이런 말을 들은
일이 있나요?

"넌 구제불능이야!" "바보야!" "못생겼어!"

이런 말을 들으면 마음에 상처를 받게 됩니다. 시간이 지나도
여전히 마음 한편에 남는 경우도 있습니다.

나의 잠재력은 내가 인식하는 것보다 대단할지도 모릅니다.
그렇지만 우리는 종종 무언가를 시도했다가 실패하게 되면 자신
에게 이렇게 말하곤 합니다.

"난 제대로 하는 게 하나도 없어. 아예 시도조차 하지 않는 게

나을지도 몰라."

설령 지난날 그런 생각을 했다 하더라도 이제 당신은 꿈을 꾸고 있습니다. 한때 가능할지도 모른다고 생각했던 것을 뛰어넘어 새로운 성장의 기회를 만들어 나가고 있습니다. 그 꿈은 당신이 두려움을 넘고, 유아적 단계의 한계를 넘을 수 있도록 용기를 심어줄 것입니다. 새로운 미래와 새로운 자아를 향해 나아가도록 이끌 것입니다.

지난 단계 파악하기

솔직한 시선으로 자신의 지난 단계를 바라보세요. 하나의 방법은 자신이 몽상가인지 현실주의자인지 테스트해 보는 것입니다.

몽상가형이라면 앞으로 무슨 일을 해야 할지 온갖 아이디어가 가득하고, 자신의 가능성을 믿고 있을 것입니다. 여러 가지 생각을 추슬러 무엇이 가장 현명한 행동인지 선택하고, 미래에 대한 분명한 전략을 세우세요.

현실주의자형이라면 꼼꼼하고 철저한 사람으로, 이미 모든 아이디어를 일정한 틀에 꿰맞춰 놓았을 것입니다. 내가 누구인지, 앞으로 어떤 사람이 될지 새로운 가능성에 자신을 개방하세요.

몽상가	현실주의자
□ 처음부터 몽상가	□ 현존하는 것을 극대화한다
□ 미래를 쉽게 상상한다	□ 미래를 쉽게 상상하지 못한다
□ 5~50년 후의 미래를 꿈꾼다	□ 1~2주 후의 미래를 계획한다
□ 삶의 양념	□ 세상의 소금
□ 위험 감수자	□ 신중한 선택자
□ 유동적	□ 안정적
□ 원초적 창조형 : 완전히 처음부터 시작한다	□ 적응적 창조형 : 검증된 모델을 토대로 시작한다
□ 주요 생각 : 왜 이미 시행된 일을 다시 반복해?	□ 주요 생각 : 뭣 하러 시간과 노력을 낭비해?
□ 언젠가	□ 어제, 오늘
□ 추상적, 직관적	□ 구체적, 사실적
□ 구름 위	□ 땅 위
□ 새로운 것의 개척자	□ 검증된 것의 지지자
□ 변화에 흥분	□ 불필요한 변화에 저항
□ 아방가르드	□ 전통적
체크한 개수는? ______	체크한 개수는? ______

저마다 자신의 가치를 다르게 평가합니다. 우리는 여기서 자신의 가치를 평가하는 세 가지 관점을 제안하려고 합니다.

첫 번째는 철학자이자 건축가, 도시 설계사인 벅민스터 풀러의 관점입니다. 그는 자아를 설명하는 데 인간 육체의 복잡한 구조에 초점을 맞췄습니다. 리치 디보스의 《더불어 사는 자본주의》의 한 구절을 인용합니다.

"나는 스스로 균형을 잡는 개체이다. 28개의 관절로 이루어져 있으며, 여기서 에너지를 저장하기 위한 통합되고 분산된 시설이 전기화학적 공정으로 말미암아 가동된다. 이렇게 저장된 에너지는 수천 개에 달하는 수압과 공기압의 펌프 작용으로 발산되며, 각각의 펌프에는 저마다의 모터가 달려 있다. 그 외에도 6만 2,000마일에 달하는 작은 혈관과 수백만 개의 경고 신호 시스템 장치, 선로와 운반 시스템을 갖추고 있다. 쇄석기와 크레인, 설비만 잘되어 있다면 앞으로 70년은 수리할 필요가 없는 통신 시스템도 넓게 분산되어 있다. 이 모든 과정은 망원경과 현미경, 분광기 등이 구비된 작은 탑에서 감독이 이루어진다."•

두 번째로, 문학 교수이자 베스트셀러 작가인 C.S. 루이스는

• Rich DeVos, 《Compassionate Capitalism》(New York: Dutton, 1993), 19에서 인용.

세상에 '평범한 사람'이란 없다고 말했습니다. 인간 가치의 특성 중 하나가 바로 필멸의 존재라는 것이기 때문입니다.

"단지 생사의 문제가 아니다. 국가, 문화, 예술, 문명 모두 필멸의 대상이다. 모든 생은 인간의 삶과 마찬가지로 하찮다."[*]

세 번째로, 고대의 왕이자 시인이고 음악가였던 다윗왕은 인간 육체의 복잡성을 두고 다음과 같이 결론지었습니다.

> 우리 각각은
> 지금껏 한 번도 가본 적 없는
> 장소다. 한계에 도전함으로써
> 그 지점에 도달할 수 있다.
> -조이스 브라더스

"나는 공포스럽지만 환상적으로 창조되었다."[**]

자신을 어떻게 평가하고 있나요? 단순히 수입 혹은 그동안 이룬 결과를 두고 자신을 판단하지 마세요. 사람은 그 이상으로 중요한 가치를 지니고 있는 '환상적으로 창조된' 존재입니다. 과거에 성취한 것 혹은 미래에 성취할 것은 이미 완성된 당신 자신에 비하면 아무것도 아닙니다.

[*] Hugh Hewitt, In, Not Of(Nashville: Thomas Nelson Publishers, 2003), 19.

[**] 시편 139장 14절.

되어야 하는 모습 되기

나의 진정한 가치는 잠재력을 계발하는 데 튼튼한 기초가 됩니다. 여기에 대해 잠시 생각해 보세요. 만약 한 해 수입이 10억 더 생긴다고 하면 지금과는 어떻게 달라질 것 같은가요? 환경과 기회 및 자신감 정도, 두려움, 성장하고 싶은 욕구, 근무 환경, 꿈 등 모든 것을 고려해 보세요. 자신의 잠재력을 어떻게 느끼고, 생각하고, 바라보게 될까요? 어떤 행동이 가능하고, 어떤 인물이 되는 것이 가능해질까요? 어떤 위치가 가능해질까요? 어느 정도의 리더십을 획득할 수 있을까요? 무얼 성취할 수 있을까요?

필요하다면 1시간 정도 시간을 두고, 종이와 필기구를 챙겨 좋아하는 장소를 찾아 위의 질문에 답해 보세요. 이러한 과정을 통해 다시 한번 자신의 꿈에 대해 진지하게 고민해 볼 수 있을 것입니다. '꿈을 꿈으로써 나는 무엇이 될 수 있을까?'

> 위대함의 척도는
> 지금껏 자리한 곳에 있는
> 것이 아니라
> 가고자 하는 곳에 있다.
> -노먼 커즌스

내게도 꿈에 대한 생각, 하고 싶은 일이 머릿속에 수만 가지 떠오르던 그런 때가 있었습니다. 20대 때, 나는 멘토였던 샘 밀러에게 삶을 변화시킬 수 있는 원칙을 배웠습니다. 그는 내 꿈을 듣더니 이렇게 말했습니다.

"단 몇 개의 꿈을 이뤄 이상적 결과를 낸 사람은 드물다."

그의 말이 내게는 도전이 되었습니다. 반드시 소수의 꿈을 선별해 나의 잠재력을 최대로 발휘하리라 마음먹었습니다.

지금 자신의 생각을 전부 기록하고, 그중 발전시키고픈 꿈을 1~3개 정도 선택한 다음 그 꿈에 날개를 달아주세요.

마음 탐구

1. 다음 사항에 자신이 얼마만큼 분명한지 1~10의 척도로 매겨 보세요.

　내가 누구인지 알고 있다 ＿＿＿＿

　나의 잠재력이 무엇인지 알고 있다 ＿＿＿＿

　내가 어디로 향하고 싶어 하는지 알고 있다 ＿＿＿＿

2. 지금껏 배운 것을 적절히 통합해 재정비한다면 다시 꿈을 어떻게 기술할 수 있을까요?

나의
꿈을 살기

나는 누군가 자신의 꿈을 향해 당당하게 나아간다면, 지금껏 상상해왔던 삶을 살기 위해 노력을 아끼지 않는다면 예상치 못한 어떤 때에 결국에는 성공하게 되리라는 것을 이제 알게 되었다.
—헨리 소로

지난 시간 동안 일생의 꿈을 비롯해 여러 꿈을 재정비하고 정리하는 기회를 가졌다. 이 제는 그 꿈을 향해 자신 있게 나아갈 때다. 그 길이 어렵고 힘들더라도 상상만 하던 꿈을 살기 위해 노력을 기울인다면 분명 생각지 못한 시점에서 성공에 도달할 수 있을 것이다. 그것이 바로 꿈을 꾸는 가장 멋진 이유 중 하나다.

자신의 판단을 신뢰하기

현명한 사람은 자신만의 결정을 내리지만 무지한 사람은 대세를 따른다
-중국 속담

대세를 따르겠는가, 자신의 판단을 믿겠는가?

소아마비 백신을 개발한 조너스 소크는 비판이 쏟아지는 가운데 자신이 꿈꾸던 인생을 살았습니다. 그는 비평 속에서 흥미로운 사실을 발견했습니다. 그는 다음과 같은 말을 남겼습니다.

"우선 사람들은 당신이 틀렸다고 할 것이다. 혹은 당신이 옳다고 할 것이다. 하지만 당신이 무엇을 하고 있는지는 정작 중요하지 않다. 결국 사람들은 당신이 옳다는 사실을 인정할 것이고, 그때가 되면 당신이 하고 있는 일 또한 중요해질 것이다. 이 모든 것은 그들도 이미 알고 있는 사실이다."

어떻게 하면 자신감을 가지고 나의 확신이 옳다는 것을 밀어

붙일 수 있을까요?

　회계사, 변호사, 가족, 친구는 그저 조언자일 뿐입니다. 그들은 아마 당신을 꿰뚫어 보고 있다고 믿을지 모릅니다. 당신의 꿈이 실현 가능한지 아닌지 자신들이 더 잘 알고 있다고 생각할지 모릅니다. 그렇지만 그들의 생각은 얼마든지 그릇될 수 있습니다. 꿈을 이룰 수 있을지 아닐지는 오롯이 본인에게 달려 있습니다.

　물론 전문가의 도움이 필요한 경우도 있습니다. 이를테면 전문 분야의 일을 처리해야 할 때입니다. 사람들은 잘 모르면 그만큼 나약해지기에 전문가의 도움을 받길 원합니다. 만약 주변에 전문성을 가진 믿을 만한 상담가 혹은 당신의 관점을 지지해주는 사람이 있다면 망설이지 말고 그의 도움을 받아 옳은 결정을 내릴 수 있습니다. 주위에 도움을 구할 사람이 없더라도 걱정할 필요는 없습니다. 다음의 4단계를 따라 지식을 쌓아 보세요. 지식을 얻음으로써 자신감이 생기고, 자신감을 토대로 용기를 낼 수 있습니다.

> 자만심과 자신감은 차이가 있다. 자만심은 스스로 자랑하는 것이고, 자신감은 자신이 해낼 수 있음을 믿는 것이다.
> ―조니 유니타스

1단계. 연구하기

지식을 쌓는 1단계는 스스로 연구해 나가는 것입니다. 우리는 지식을 얻을 훌륭한 자원을 많이 보유하고 있습니다.

책

책을 통해 자신을 돌아보고, 특정 분야에 대한 배움을 구할 수 있습니다. 다만 저자가 모든 것을 알고 있다고 생각하지 마세요. 모든 책의 정보가 반드시 옳고, 현명하며, 당신에게 안성맞춤일 수는 없습니다. 책을 읽을 때는 무엇이 진실인지 탐색하고, 무엇이 나를 건드려 움직이게 하는지 눈여겨보세요. 저자가 말하는 상황이 나에게 맞지 않을 경우에는 본인의 판단에 따라야 합니다.

인터넷

우리는 인터넷에 접속해 언제 어디서든 간편하게 정보를 취할 수 있습니다. 인터넷상에선 거의 모든 사람이 전문가로 나서 어떤 주제든 이야기할 수 있기 때문에 믿지 못할 정보가 넘쳐납니다. 그중 정확한 정보만 추리기 위한 손쉬운 방법은 해당 글을 작성한 사람의 이력을 살피는 것입니다. 전문가와 사기꾼을 가리는 법은 의외로 간단합니다.

> 자신감이란 곧 자연스럽게 샘솟는 용기를 뜻한다.
> —다니엘 마허

20세기에 막 접어들 무렵, 밀턴 라이트 주교는 당대 유명한 작품 가운데 하나를 평가해야 했습니다. 필자는 그 작품에서 인간이 공중 부양이 가능한 기계를 만들 수 있을지 모른다는 이야기를 했는데, 그에 대해 주교는 이렇게 평가했습니다.

"날 수 있는 건 천사뿐, 인간은 결코 날 수 없다."

당시 30대였던 젊은 형제 둘은 주교의 말이 틀렸다고 생각했습니다. 그들은 인간이 날 수 있으리라고 믿으며 엄청난 프로젝트를 계획했습니다.

형제는 노스캐롤라이나에 있는 키티호크의 모래사장으로 나가 첫 번째 계획을 실행했지만 실패로 끝났습니다. 그렇지만 그들은 인고의 시간 끝에 마침내 기계를 128피트 상공에 띄우는 데 성공하며 인간 역시 하늘을 나는 것이 가능하다는 사실을 증명해 보였습니다. 그들은 바로 오빌과 윌버 라이트 형제, 바로 밀턴 라이트 주교의 두 아들입니다.

부모를 존경하고 사랑한다고 해서 또한 부모가 자신보다 나이가 많다고 해서 그들이 언제나 더 현명하고 똑똑하고 올바르다고 생각해서는 안 됩니다. 부모는 자식이 될 수 없기에 자식의 꿈에 대해서는 지식이 부족할 수도 있습니다. 본인의 꿈이기에 당사자의 관점이 실질적으로 더욱 현명한 선택일 것입니다. 부모의 말을 참고하되 자신의 선택을 믿으세요.

우리는 친구와 많은 정보를 주고받으며, 믿을 만한 친구와는 돈독한 연대를 형성하기도 합니다.

친구에게 조언을 구할 때 반드시 명심할 점이 있습니다. 그들은 당신이 지금 하려는 꿈 작업에 어떤 의미가 담겨 있는지 전혀 알지 못한다는 것입니다. 그들은 잠시 귀를 기울일지 모르지만 단지 그 짧은 이야기만으로 어설픈 판단을 내리고 그런 자신의 가벼운 생각을 조언이랍시고 늘어놓을 가능성이 높습니다.

만약 친구가 하는 조언이 당신에게 유용하지 않을 것 같다면, 그에게 어떻게 해서 그런 결론이 나왔는지 정확하게 물어보세요. 그다음에도 그의 의견에 납득이 가지 않는다면 그 말을 귀담아들을 필요가 없습니다. 자신의 판단을 믿으세요.

2단계. 현명한 상담가 찾기

누구에게 무엇을 상담하고, 어떠한 결과를 기대하나요? 책의 여백 아무 곳에나 끄적이며 생각을 정리해 보세요. 다음은 '현명한 상담가에게 기대하는 10가지 특성'입니다.

사실을 말한다

누군가 거짓된 마음으로 나를 치켜세운다면 그건 곧 그의 놀

림감이 되는 것과 마찬가지입니다. 하지만 대개 사람은 기분 좋게 만들어주는 이를 친구로 삼는 경향이 있기에 주변에 솔직한 이를 가까이 두는 것은 쉽지 않습니다.

사람은 늘 칭찬받고 지지받고 싶어 하지만 만약 그 마음이 거짓이나 가식이라면 그러한 관심을 필요로 하지 않을 것입니다. 진심으로 바라는 건 사랑하는 마음에서 우러난 진실일 테니까요. 그렇기에 우리에게는 솔직한 상담가가 필요합니다.

경력을 지속적으로 관리한다

보통 상담가는 삶에 대한 고결함을 지닌 사람, 나와 공통분모를 가진 사람이 좋습니다. 어떤 상담을 할지에 따라 상담가를 구해야 하는데 만약 재정적 조언이나 직업과 관련된 상담을 바란다면 그 분야에 정통한 전문가를 찾아야 합니다. 경제·경영서 전문 작가인 데이브 램시는 이런 말을 했습니다.

"파산한 사람에게서는 결코 재정 상담을 받지 마라."

당신이 바라는 성공을 똑같이 바라고 있다

이는 매우 중요한 부분입니다. 상담가와 서로 다른 목표를 가지고, 성공의 구성 요소에 대한 다른 생각을 가진다면 그에게서는 결코 좋은 조언을 구할 수 없습니다. 따라서 상담가는 당신이 지니고 있는 가치와 꿈을 공유할 수 있는 사람이어야 합니다.

당신에게 필요한 지식을 갖추고 있다

상담가는 당신이 가지지 못한 지식의 틈을 메워줄 사람이어야 합니다. 일반적으로 사람은 자신이 가진 지식을 함께 나누고 공유할 수 있는 이와 친해지고, 자신이 잘 모르는 분야의 사람은 피하기 마련입니다. 이러한 경향을 극복하고 당신이 꼭 알아야 하는 분야에 정통한 사람과 친분을 나누세요.

당신을 진심으로 대한다

상담가는 당신을 진심으로 대하는 사람이어야 합니다. 힘들고 어려울 때 함께 있어줄 사람이어야 합니다. 이런 상담가를 찾기란 쉬운 일이 아니지만, 꼭 찾을 가치가 있습니다.

있는 그대로의 당신을 이해한다

사람은 저마다 특징과 기질을 가지고 있습니다. 그렇기에 인간이 흥미로운 것이겠지만 때로는 이러한 점 때문에 불화가 일어나기도 합니다. 그렇더라도 좋은 상담가라면 당신의 있는 그대로의 모습을 이해하고 기꺼이 도우려고 할 것입니다.

실천적이며, 융통성과 풍부한 센스를 지니고 있다

좋은 상담가는 이상주의에 영향을 받지 않습니다. 그들의 사상은 견고합니다. 당신이 헛된 노력을 들이지 않도록, 생산적이고 현실적인 방향으로 나아가도록 인도할 것입니다.

긍정적인 시각을 갖고 있다

상담가는 당신의 꿈을 낙관적으로 전망할 수 있는 사람이어야 합니다. 매사 부정적인 사람은 피하는 편이 좋습니다.

언제 침묵을 지켜야 하는지 알고 있다

좋은 상담가는 입을 가볍게 놀리지 않습니다. 당신의 신뢰를 배신하지 않습니다. 당신과 나눈 사적인 이야기와 정보를 다른 이에게 알리지 않습니다.

잘못된 길로 인도하지 않는다

만약 당신의 꿈이 세상의 이치에 역행하는 것이라면 현명한 상담가는 그 사실을 솔직하게 이야기할 용기를 지니고 있어야 합니다.

3단계. 자문하기

나의 꿈에 대한 것이라면, 아무리 신뢰하는 주변 사람이라도 그들의 평가가 전적으로 도움이 되는 건 아니라는 사실을 경험할 것입니다. 어느 누구도 당신의 마음속 그 꿈에 대해 정확한 관점을 제시할 수는 없습니다. 꿈을 향해 나아가는 과정에서 무엇이 옳고 그른지 분별하기 어려울 때, 스스로에게 질문을 던져 보세요.

1. 꿈을 향해 나아가는 과정에 있어 현재 나는 어떤 결정을 앞두고 있나? 결정의 하한선은 어디인가?

2. 이 결정을 내리기 위해 적어도 24시간 동안 차분히 생각했나? 맑은 머리로 제대로 숙고했나? 혹시 나는 지금 중요한 결정을 내리기에는 피곤한 상태가 아닌가? 이 결정이 내 꿈을 이루는 데 과연 도움이 될까? 내 마음속에 해결되지 않은 채 남은 질문이 있나? 이 결정이 내 삶의 중심과 같은 선상에 자리하는가?

3. 지금 이 일을 하기로 결정한다면 앞으로의 삶은 어떻게 될 것인가? 반대로 하지 않기로 한다면? 이 결정은 나의 꿈의 전략에 어떤 영향을 미칠 것인가?

4. 이 결정은 나의 5년 후, 10년 후, 50년 후, 100년 후에 어떤 차이를 만들 것인가?

5. 결정을 내린다면 그와 관련한 비용, 시간, 이득 면에서 내가 얻을 가장 중요한 것은 무엇인가? 정말 중요한가?

6. 매일의 결정이 나의 전체적인 계획에 어떤 영향을 미치는가? 어떤 것이 나를 흔들리게 하는가? 어떤 것이 나로 하여금 꿈을 향해 나아가게 하는가?

7. 이 결정을 내리기 위해 상담이 필요한가? 전문 상담가는 내게 어떤 조언을 해줄 것인가? 내가 사랑하는 사람과 가족은

나의 결정을 어떻게 생각할 것인가? 그들은 내 결정에 어떤 영향을 미칠 것인가?

8. 이 결정은 여러 개의 하위 선택으로 쪼개어질 수 있는가? 위험도가 낮은 결정도 여러 번 고민하고 선택해야 하나?

9. 장기적인 해법이 나를 꿈에 가까이 데려다줄 것인가?

10. 지금이 결정을 내리기 가장 좋은 시기인가? 어째서? 그렇지 않다면 그 이유는? 지금이 아니라면 언제 다시?

완벽하게 알 때까지 기다리지 마세요. 어느 정도 충분한 지식을 습득했다고 생각되면 자신감을 갖고 행동하세요.

> 두려움을 극복하고 싶다면
> 가만히 앉아 생각만 하지 마라.
> 박차고 일어나 분주해져라.
> —헨리 롱펠로

4단계. 용기를 갖고 행동하기

스스로의 판단을 믿고 흔들리지 않을 수 있는 용기는 어떻게 만들 수 있을까요? 마틴 루터 킹과 같은 위대한 지도자들은, 목숨이 위협받는 상황에서도 두려움과 거침없이 마주할 수 있는 용기를 어디서 얻었을까요? 여기 그 질문에 대한 마틴 루터 킹의 답변이 있습니다.

"나는 자리에 가만히 앉아 갓 태어난 어여쁜 딸을 생각했다. 딸아이는 내 인생의 보물이었다. 나는 아이의 부드러운 미소를 보기 위해 밤마다 아이를 찾았다.

탁자 앞에 앉아 딸아이에 대해 생각했다. 언제든 아이를 빼앗길 수 있다는 사실을 아프도록 생각했다. 아이와 함께 잠들어 있는 희생적이고 헌신적이며 고결한 아내를 떠올렸다. 그녀 역시 내일 당장 보지 못하게 될지 모른다. 그녀 역시 나를 더는 보지 못할 수 있다. 갑자기 견딜 수 없어졌다. 나는 나약한 사람이다. 그때 어떤 목소리가 들렸다.

'이제 아빠를 부를 수 없어. 아빠는 175마일이니 떨어진 애틀랜타에 있으니까. 엄마를 부를 수도 없어. 나는 이제 아빠가 자주 이야기한 그 힘에 의지해야 해. 길이 없는 곳에서 길을 만들어 주는 그분.'

그때 나는 종교가 내게 현실이 되어야 한다는 사실을 깨달았다. 하느님을 알아야만 했다.

커피 잔을 앞에 두고 무릎을 꿇었다. 절대 잊을 수 없을 것이다. 그날의 기도를. 그날 밤, 큰 소리로 기도했다.

'하느님, 제가 여기 옳은 일을 하려 합니다. 제가 옳다고 생각합니다. 제가 내세우는 이유가 옳다고 생각합니다. 하지만 하느님, 매우 나약해진 저 자신을 고백하고자 합니다. 저는 지금 비틀거리고 있습니다. 용기를 잃어가고 있습니다. 사람들이 저의 이런 나약한 모습을 보길 원치 않습니다. 그렇게 되면 그들도 저와 같이 나약해질 것입니다……'

순간 내면의 목소리가 말했다.

'마틴 루터, 옳은 것을 위해 일어서라. 정의를 위해 일어서라. 진실을 위해 일어서라. 하느님이 너와 함께 할 것이다. 세상이 끝날 때까지……..'

예수님께서 계속 싸워나가라고 내게 말하는 목소리가 들렸다. 결코 나를 떠나지 않겠다고, 홀로 두지 않겠다고 약속했다. 절대 혼자 두지 않겠다고, 혼자 두지 않겠다고, 떠나지 않겠다고, 나를 버리고 떠나지 않겠다고…….

순간 모든 두려움이 사라졌다. 마음속에 깃들어 있던 의심이 눈 녹듯 사라졌다."[*]

마음속에 의심이 들 때는 우선 확실한 것에 집중하세요. 그다음 용기를 갖고 실천하세요. 그 어떤 비난과 두려움에도 굴하지 않고 잘해낼 수 있다는 것을 믿으세요. 스스로의 판단을 믿어야 합니다.

---

[*] Peter J. Albert and Ronald Hoffman, 《We Shall Overcome: Martin Luther King, Jr. and The Black Freedom Struggle》(Pantheon Books in cooperation with the United States Capitol Historical Society, 1990)에서 인용.

마음 탐구

1. 당신에게 믿을 만한 조언을 건네는 사람이 3명 있다면 누구인가요?

   __________   __________   __________

2. 그들의 조언을 토대로 무엇을 얻고 싶은가요?

3. 그들에게 언제 연락할 건가요?

4. 당신은 꿈을 향해 행동할 용기가 있나요?

   있다 ☐   없다 ☐

꿈 지키기

그 누구에게도 너의 꿈을 빼앗기지 마라
―덱스터 R. 예거[*]

초기 단계에서 꿈은, 깎아질 듯한 절벽의 거센 바람 속에 자리한 비누 거품처럼 나약하기 마련이다

다른 사람에게 나의 꿈에 대해 이야기한 일이 있나요? 우리는 종종 운 나쁘게 이야기할 대상을 잘못 고르는 경우가 있습니다. 이를테면 나의 꿈을 바늘로 콕 찔러 터뜨려 버리는 그런 사람 말입니다.

---

[*] Dexter R. Yager Sr., 《Don't Let Anybody Steal Your Dream》(Charlotte, North Carolina: Internet Services Corporation, 1978), 12.

꿈의 네 가지 영역

다음의 네 가지 기본 영역에 있어서는 꿈을 꼭 지켜야 합니다. 특히 꿈의 초기 단계에서는 더욱더 조심해야 합니다.

감정적으로

나의 꿈을 꽤 지지하는 듯 보이는 사람이 있습니다. 그런데 그가 내게 진지한 질문을 여럿 던집니다. 나는 아직 꿈의 초기 단계에 있어 미처 생각하지 못한 그런 막연한 물음을 말입니다. 물론 그가 나를 바보로 만들려는 게 아님을 알고 있습니다. 그렇지만 그와 이야기를 나눌수록 나는 중요한 것을 간과하고 있다는, 어쩌면 내 꿈은 실현되지 못할 거라는 좌절감에 사로잡힙니다. 그렇다면 나는 정말로 내 꿈을 지지하는 사람과 이야기를 나눈 걸까요?

꿈의 초기 단계에서는 '현명한 상담가'의 자질에 맞지 않는 사람은 피하는 것이 좋습니다. 꿈이 어느 정도 진행된 다음, 비관론자의 날카로운 질문에 제대로 답할 수 있을지 스스로를 평가해 보고 싶은 마음이 든다면 그건 가능하지만 초기 단계에서는 타인이 아닌 자신의 판단을 믿어야 합니다. 다른 사람의 도움이 필요하다면 당신의 꿈을 응원해줄 사람을 찾으세요. 그렇지 않으면, 제대로 알지도 못하면서 남의 일에 참견하기 좋아하는 사람에게 시달리게 될지도 모릅니다.

때때로 꿈은, 지금 당신이 가지고 있지 않은 기술을 요할 때가 있습니다. 이를테면 재정적 분석력이나 예측력 같은 것 말입니다. 그럴 경우에는 조언을 구할 전문가가 필요합니다.

만약 주변에 당신에게 필요한 전문 지식을 가진 이가 있다면 그들 가운데 2~4명 정도를 선별해 도움을 청하세요. 당신이 무엇을 원하는지 알고, 당신의 성공을 진심으로 기원할 사람이면 좋습니다.

전문가는 나의 재정 정보뿐 아니라 꿈의 전략까지 공유할 사람이기에 사전에 그의 이력이나 배경 등을 반드시 알아봐야 합니다. 제대로 된 전문가를 만난다면 그 사람은 당신의 꿈을 위한 소중한 자원이자 지지대가 되어줄 것입니다.

법률적으로

계획을 세우거나 사업을 시작한다면 변호사를 만날 일이 생길지도 모릅니다. 그 과정에서 당신의 꿈이 법적으로 불가능하다는 이야기를 들을 수도 있습니다. 하지만 그 꿈이 부도덕적이거나 비윤리적이지 않다면 만약 후에 법이 바뀔 가능성도 진지하게 고려하세요. 법을 위반하고 싶지는 않겠지만 그렇다고 법이 항상 옳거나 결코 바뀌지도, 고칠 수도 없는 것이라고 생각해서는 안 됩니다.

꿈을 꾸는 초기 단계에서는 부정적인 압력에 맞서기 위한 보호 장벽을 설치할 필요가 있습니다. 세상에는 주변의 모든 사람이 어렵다고 이야기함에도 끝까지 자신의 꿈을 지켜나가는 사람이 있습니다. 당신도 그런 사람이 될 수 있습니다.

그럼으로써 다른 사람에게 비웃음을 살 수도 있지만 그러한 것은 가볍게 무시하세요. 그들이 틀렸다는 것을 증명해 보이자고 스스로를 독려하고, 이렇게 자문해 보세요.

'내 꿈에 제일가는 청중은 누구인가? 내 꿈은 누구를 도우려는 것인가?'

내 꿈에 가장 귀 기울이는 사람은 바로 '나'입니다. 본인이 꿈에 만족한다면, 다른 사람의 이야기가 무슨 소용일까요?

초기 단계에서 꿈은 갓 태어난 아기처럼 약하기 때문에 스스로 아빠, 엄마가 되어 자신의 꿈을 돌봐야 합니다. 꿈을 빼앗기 위해 달려드는 모든 것으로부터 단단히 지켜내야 합니다. 자신의 꿈을 정성으로 돌보세요.

꿈의 현실성 파악하기

당신의 꿈은 얼마나 현실적인가요?

자신과 비슷한 꿈을 꾸고, 실현한 사람을 알고 있나요? 그들로부터 무엇을 배울 수 있었나요? 그들은 어떤 장해물을 경험하고, 또 극복했나요? 그들은 꿈을 이루는 데 얼마만큼의 시간을 소요했나요?

신뢰할 수 있는 조언가들은 당신이 무엇에 집중해야 하는지 그것을 더욱 부각시켜줄 것입니다. 하지만 그들도 빈약한 정보 탓에 불확실한 추측을 할 수 있으며, 그로 인해 현명하지 못한 조언을 할 수 있음을 기억하세요. 그들은 당신의 꿈과 상황을 충분히 고려하지 않은 채 이렇게 말할 수 있습니다. "그건 너무 비현실적이야!"

> 당신의 꿈을 지키기 위한 가장 좋은 방법은 이미 완성된 기초를 좀 더 공고히 다지는 것이다.
> —벤 로버츠

이런 말을 들었다고 실망할 필요는 없습니다. 그 말은 그들 자신에게 있어 비현실적이라는 의미입니다. 그들에게 있어 비현실적이라고 내게도 그러한 것이 절대 아닙니다. 명심하세요. 나의 꿈에 대해 가장 잘 아는 사람은 바로 나입이다.

각 항목에 답해 보세요. 꿈의 기반을 튼튼히 다질 수 있을 것입니다.

시간-계획

지금 당신에게는 원하는 것을 하기에 충분한 시간이 있나요?
아니면 더 많은 시간이 필요한가요?

에너지-사람

당신이 원하는 일을 하게 되기까지 건강을 자신할 수 있나요?
불확실하다면, 꿈을 이루는 데 10년을 내다보고 하나의 팀을
꾸리면 어떨까요?

논-자몬

꿈에 투자할 자금이 넉넉한가요? 만약 대출을 받아야 한다면
그 돈은 어떻게 갚을 건가요? 부수입을 얻을 일이 있나요?

도구-자원

꿈을 위해 필요한 도구는 무엇이 있나요? 지금 그러한 도구를
지니고 있나요? 그렇지 않다면, 어디서 구해야 할까요? 당장
활용 가능한 자원을 사용하는 법을 알고 있나요? 그렇지 않다
면, 그 방법을 알려줄 사람을 알고 있나요? 도구의 가치를 과
소평가하지 마세요. 꿈이 현실적이든 비현실적이든 간에 도구
를 가진 것과 가지지 않은 것은 큰 차이를 만듭니다.

부정적인 압력의 원천 파악하기

어느 날, 친구 한 명이 완전히 좌절해 두려움과 공포에 가득 찬

모습으로 나를 찾아왔습니다. 그의 얼굴에는 그늘이 가득 드리워져 있었습니다.

"밥, 내 삶이 산산조각 나고 있어. 이제 어떻게 해야 하지?"

그 친구는 매우 심각하게 자신의 삶의 균형이 깨졌다고 말했습니다. 그래서 그에게 다음의 사항을 행동으로 옮길 것을 제안했습니다. 이것이 당신에게도 효과가 있길 바랍니다.

1. 나의 어깨를 짓누르는 것 모두 메모하기

____

____

____

2. 삶의 균형표 8개 항목에 따라 1. 분류하기

가족 직계가족 및 그보다 더 확장된 의미의 가족

재정 돈, 투자, 부채 관련

직업 경력 혹은 직업 활동

사회 친구, 모임, 공적 활동

영혼 종교와의 관계

정신 독서, 학습, 개인적 성장 목표

감정 사랑, 분노, 희망, 걱정, 자신감 등

육체 운동, 영양, 휴식

____

____

____

머칠 뒤, 친구는 부끄러운 듯 미소 지으며 찾아왔습니다.

"있잖아, 가만히 표를 들여다보니 내가 지금 심각한 재정 압박에 시달리고 있더군. 그래도 다른 건 괜찮았어."

머릿속에서 근심과 걱정을 부풀리는 와중에 꿈이 잠식당합니다. 무엇에 압박을 받고 있는지 그 힘의 원천을 파악하면 현재 상황을 객관적으로 평가하고 해결책을 찾는 데 집중할 수 있습니다. 자신의 삶을 제대로 관리하고, 꿈을 보호하세요.

마음 탐구

1. 꿈을 제대로 보호하지 못하면 누구 혹은 무엇에 꿈을 빼앗길까요?

2. 꿈을 지키기 위해 구체적으로 어떤 단계를 밟아나갈지 생각해 보았나요?

절망 극복하기

나를, 내 자신보다 먼저 입원한 같은 병원의 환자라고
생각해라. 그러면 나에게서도 조언을 얻을 수 있다
―C.S. 루이스

삶이 전부는 아니다

한창 일할 시기에 직장을 잃을 수 있습니다. 가족에게 행복과 안정과 사랑을 주고 싶어 최선을 다해도 실패하는 수가 있습니다. 겉보기에는 이상적인 삶이지만 마음 깊은 곳의 충족되지 못한 욕망으로 절망에 빠질지도 모릅니다. 사람은 언제든 넘어질 수 있습니다. 또한 언제든 그것을 헤쳐나갈 수도 있습니다.

나의 세계가 무너질 때의 감정은 마치 한바탕 허리케인이 휩쓸고 지나간 듯한 황폐함입니다. 명확한 경계선 안에 꼭 들어맞던 조각이 온 사방으로 흩어지는 모양새입니다. 끔찍한 경험으로부터 지켜줄 장벽도 없고, 그 어떤 것도 예측할 수 없습니다.

주위를 둘러싼 심리적 약탈자들에 의해 더욱 취약해지며 두려움이 가득 찹니다.

두려움이 커지면 꿈에 대한 자신감을 잃게 됩니다. 결코 실현할 수 없으리라는 좌절감에 꿈꾸기를 두려워하고, 희망을 가지는 것에 공포를 느끼며, 누군가를 의지하고 신뢰하기를 꺼리게 됩니다. 그럼으로써 나의 내면은 좌절을 향해 치닫습니다.

나의 고통이 꼭 남과 같을 수는 없지만 때로 우리는 다른 이로부터 치유를 받기도 합니다. 삶의 병원에는 환자가 넘쳐나기 마련이니 그들로부터 지혜를 구할 수 있습니다. 우리의 동료 환자 가운데 한 명인 다윗왕을 소개하고자 합니다. 그는 고통을 극복할 수 있었던 세 가지 방법을 세상과 공유했습니다.

> 그가 푸른 풀밭에 나를 누이시며
> 편히 쉬라 물가로 인도하시네
> 나의 영혼을 치유해주셨네[*]

젊은 시절 다윗왕은 목자였습니다. 그는 고대 동방과 이스라엘 지역에서 왕의 은유적 호칭으로 널리 불리던 목자왕으로 비쳤습니다. 그런 다윗에게 있어 목자왕은 바로 하느님이었습니다. 다윗은 자신은 한낱 양에 불과하며, 혼자 힘으로는 아무것도

---

[*] 시편 23장 2절.

할 수 없다고 말했습니다. 이것이 바로 다윗이 환난 가운데 도움
의 손길을 받을 수 있었던 시초였습니다.

다윗은 자신에게 결코 긍정적인 것
이 아님에도 양의 이미지를 많이 활용
했습니다. 그는 가식 없이, 방어 없이,
다른 이에게 깊은 인상을 남기려는 의
도 없이 자신의 마음을 여실히 보여주었습니다. 모든 사람에게
있는 그대로의 자신을 드러낸 것입니다. 진정 좌절한 상태에서
는 진실을 말하기가 쉬운 법입니다.

휴식, 일신, 치유는 다윗의 이야기를 더욱 빛내고 있습니다. 환
난 가운데 이 세 가지 원칙으로 당신 또한 좌절에서 벗어나기를
바랍니다.

휴식

그가 푸른 풀밭에 나를 누이시고

양은 겁이 많아 한자리에 가만히 누워서 쉬는 것을 좋아하지 않
습니다. 양이 편히 쉬려면 모든 상황이 안정적이어야 합니다.
즉, 양이 진심으로 자유를 느껴야 한다는 이야기입니다.

• ▶ 두려움에서 자유롭기
• ▶ 파리나 기타 날벌레가 달려드는 것에서 자유롭기

양은 스스로 자유를 찾기 못하기에 목자가 나서서 쉴 곳을 마련해주어야 합니다. 양이 목자를 따른다면 그를 신뢰하며 휴식을 취하라는 명령을 들을 것입니다. 다윗에게 있어 좋은 목자란 '목자' 그 자체였습니다. 그의 인생에 자리한 하느님의 존재감이 그를 휴식하게 했습니다.

좌절과 절망이 삶에 그늘을 드리울 때 사람에게 얼마만큼의 휴식이 필요한지는 정확히 알 수 없습니다. 보통 8시간의 수면이 적당하다고 알려져 있지만, 가까운 사람의 죽음 혹은 이혼 등 감정적 공황 상태일 때는 깊은 피로감에 사로잡혀 충분한 숙면을 취해도 피로가 가시지 않습니다.

현재 당신이 그러한 모습이라도, 잠자리에서 꿈꿀 수 있는 능력조차 잃었을지라도 걱정하지 마세요. 지금은 깊은 휴식에 집중할 때입니다. 영혼이 목말라 하는 그야말로 깊은 휴식을 취해야 합니다. 휴식하는 방법은, 굳이 할 필요 없는 일은 하지 않는 것입니다. 쉴 수 있는 만큼 쉬는 것입니다. 깊은 휴식에는 착한 목자의 치유 능력이 필요합니다. 주변에 손을 내밀어 도움을 구할 사람이 없다면, 당신의 두려움을 없애 달라고 기도하세요. 꼭 종교가 있어야 기도를 하는 건 아닙니다.

편히 쉬라 물가로 인도하시네

보통 양 떼는 어수선하기에 양이 물가로 달려가는 일 또한 결코 차분할 수 없습니다. 우리는 주변의 모든 것이 복잡하고 혼란스러울 때 고요한 물가를 찾습니다. 고요한 물가의 물은 고여 있지도, 오염되어 있지도 않습니다. 깨끗하고 맑고, 위험하지도 않고, 조용합니다. 이른 새벽녘 고즈넉한 호숫가처럼 말입니다.

고요한 물가를 어디에서 찾을 수 있을까요? 양은 자기가 어디에 있는지, 어디로 가야 하는지 인지하는 감각이 부족하기에 무모하게 다른 양을 쫓다 길을 잃어버리는 수도 있습니다. 이때 양은 목자의 도움을 받아야 올바른 길을 찾을 수 있습니다.

마찬가지로 사람도 삶에 길을 잃을 때가 있습니다. 절망이 찾아오면 우리는 어디로 가야 할지 방황합니다. 때로 대책 없이 다른 이를 뒤따르다가 비생산적인 일과의 반복에 갇히기도 합니다. 이때 필요한 것은 껍질을 깨고 나올 수 있는 변화입니다. 바오로 사도는, 마음의 일신은 곧 변화를 가져온다고 했습니다.

"세상에 동화되지 말고, 정신을 맑게 해 스스로 변화해라."•

• 로마서 12장 2절.

나의 영혼을 치유해주셨네

다윗은 자신의 절망을 바라보며 자문했습니다.

'내 영혼이여, 어찌하여 녹아내리며 어찌하여 내 안에서 신음하느냐?'[*]

여기서 영혼은 인간의 자아, 즉 개인의 핵심을 뜻합니다. 위기의 시기에 우리의 영혼은 길 잃은 양이 되어버립니다.

목자인 필립 켈러는, 양은 길을 잃으면 그 자리에 나동그라져 쉽게 일어나지 못한다고 합니다. 다리를 허우적거리다가 무기력해지고 만다는 것입니다. 평소 건강했던 양도 길을 잃게 되면 자신의 털의 무게에 짓눌려 혹은 여러 상황에 의해 나동그라질 수 있다고 합니다. 아무리 발버둥쳐도 혼자서는 일어날 수 없으며 반드시 목자의 도움이 있어야 살 수 있습니다.[**]

외부의 자극은 힘들고 고통스러워 우리는 어느새 주저앉아 좌절하게 됩니다. 목자가 나타나 일으켜 세워준다고 손을 내밀어도 고집스럽게 거절할지 모릅니다. 혹은 창피한 맘에 고개를 돌릴지 모릅니다. 또는 혼자서 해낼 수 있다고 믿을지 모릅니다.

---

[*] 시편 42장 11절.

[**] Phillip Keller, 《A Shepherd Looks At Psalm 23》(Grand Rapids: Zondervan, 1970), 61.

나의 영혼을 치유할 누군가가 있다면 현재의 불행한 상황을 극복할 수 있는 해결책을 얻을 것입니다. 하지만 그러한 이가 없다 해도 우리는 언제든 다시 일어설 수 있습니다. 고통의 시간을 거쳐 나를 치유하고 상황을 극복할 수 있습니다. 완전히 치유되었을 때 또 다른 꿈이 찾아올 것입니다. 더 높이, 더 크게 날아오르는 꿈을 꾸게 될 것입니다.

> 하느님은 꿈이 산산조각 나는 고통을 경험케 함으로써 우리로 하여금 하느님을 향한 갈망을 깨닫게 한다. 좀 더 고원한 꿈을 꿀 수 있게 한다.
> ―래리 크랩[*]

마음 탐구

1. 현실적으로 지금 시점에서 가장 필요한 것은 무엇인가요?

　　휴식 □　　　　　일신 □　　　　　치유 □

2. 사람, 책 외에 무엇이 당신을 도울 수 있을까요?

3. 당신은 당신의 목자와 어떠한 관계를 맺고 있나요? 유대를 돈독히 하려면 무엇을 해야 할까요?

---

[*] Larry Crabb, 《Shattered Dreams》(WaterBrook Press, 2002), 7.

예상치 못한 현실과 마주하기

나약한 대응은 좌절을 가져오고, 사고를 마비시킨다. 강한 대응은
동기 에너지에 힘을 불어넣고, 풍부한 이미지와 흥미로운 개념을 떠올리고
적절한 논의를 나눌 수 있는 상상력과 지혜의 수문을 열어준다.
—폴 투르니에●

현실은 아프다

아무런 경고 없이 발생한 일에 불현듯 맞서야 하는 때가 있습니
다. 그럴 때 당신은 삶의 멍 자국에 어떤 대응을 할 건가요? 만
약 나약하게 맞선다면 뒤로 물러서거나 수동적이 되고 말 것입
니다. 자연히 꿈도 사라질 것입니다. 반면 강하게 대응한다면 나
름의 수완을 발휘할 수 있을 것입니다. 물론 꿈도 번성하겠지요.
　앞일을 예측할 수는 없지만, 방해받을 만한 요소를 살피고 그

● 스위스의 정신과 의사. Paul Tournier,《The Strong and The Weak》(Philadelphia: The Westminster Press, 1963), 129.

에 어떻게 반응할지 생각해 둔다면 도움이 될 것입니다. 오늘은 다섯 가지 도전에 적극적으로 맞서는 법을 알려주고자 합니다.

질병

건강이 좋지 못한 아내를 보살피는 남자가 있습니다. 어느 날, 그가 상담가에게 물었습니다.

"지금 순간을 값지게 사용하려면 무엇을 하는 게 좋을까요?"

"사랑하는 부인에게 헌신하세요."

그에게는 꿈이 있었지만 아픈 부인을 돌보느라 자신의 꿈은 뒷전으로 미뤄두어야 했습니다. 하지만 그 역시 지금 순간 가장 값진 일은 부인에게 헌신하는 것이라 믿었습니다. 그 때문에 자신의 꿈을 이루는 일을 좀 늦추게 되더라도 말입니다. 또한 그에게는 하나의 믿음이 더 있었습니다. 만약 부인이 아프지 않고 건강했다면, 되레 자신의 꿈을 좇지 못했을지도 모른다고…….

당신이 이 같은 상황이라면 어떤가요?

실직

해고는 예고 없이 찾아올 수 있습니다. 회사의 구조 조정이나 기업 매각으로 매년 수백만 명의 사람이 실직을 하고 있습니다.

퇴직금이 두둑하거나 평소 예금해 둔 돈이 많은 게 아니라면 이런 상황에 어떻게 대응할 수 있을까요? 같은 분야에서 또 다른 일자리를 찾아야 할까요? 아니면 다른 영역으로 눈을 돌릴 때일까요? 사업을 시작해야 할까요? 어떻게 하면 계속해서 꿈을 좇을 수 있을까요?

피로

회사에서의 업무가 점차 늘고, 집에서의 책임 역시 이어지는 가운데 현재의 상황으로는 도저히 꿈을 좇을 여력이 없는 경우가 있습니다. 그런데 바로 이런 때야말로 냉철한 자기평가를 내려야 할 시기인지도 모릅니다. 처한 현실이 마음에 들지 않는다면, 자신이 진정 무엇을 원하고 있는지 생각해볼 필요가 있습니다.

'나는 업무가 과하지 않은 일자리를 찾고 싶은가? 회사에 업무를 줄여달라고 요구해야 하나? 피로가 점점 심해지는 게 혹시 병이 있어서 그런 건 아닐까, 최근 병원에 다녀온 적이 언제더라? 비타민이 부족한가, 식사가 부실했나? 운동 부족인가? 일이 지나치게 많아 기분이 처지는 걸까? 책임질 게 많아 답답한 건가, 그럼 다른 사람이 내 책임을 대신할 수 있을까? 지금 상황에서 선택할 수 있는 가장 현명한 길은 뭘까?'

꿈을 꾸는 데는 에너지가 소모되지만, 그 기운은 다시 나에게 향하게 됩니다. 한 달에 하루만 꿈에 투자해도 나머지 날들에 더욱 생산적으로 일할 수 있습니다. 좀 더 힘을 내서 피로와 싸우기 위한 변화를 모색해 보세요.

제한

때로 회사 일은 근무시간뿐 아니라 사적인 시간까지 침범합니다. 또한 고용인은 당신이 꿈을 꾸길 돕기보다는 오히려 훼방만 놓는 경우도 있습니다. 이러한 적대적인 관계에서는 압박감을 느끼게 됩니다. 만약 이런 상황에 처하게 된다면 자신에게 진지하게 물어보세요.

'다른 일자리를 찾아야 할까?'

'회사 일을 하면서 꿈을 좇을 수 있는 방법이 없을까?'

고용인과는 어느 정도 합의를 볼 수 있을지 가늠해 보세요. 만약 합의가 어려울 것 같다면, 월급은 꼬박꼬박 나오지만 나의 자유는 박탈당하는 지금의 상황을 앞으로 얼마나 더 버틸 수 있을지 고민해 보세요.

반항

한배를 타고 같이 노를 저어가는 중에 만약 상대가 나와 정반대로 가길 원한다면 어떻게 해야 할까요?

살다 보면 사랑하는 사람이 나와 정반대의 꿈을 꾸고 있는 경우가 있습니다. 어쩌면 사랑하는 사람의 도움 없이 홀로 꿈을 좇아야 할지도 모릅니다. 만약 이와 같은 상황이 발생하더라도 당신의 우선순위는 사랑하는 사람이 되어야 합니다. 꿈을 이루려는 마음이 앞서 사랑하는 사람과의 관계를 망쳐서는 안 됩니다. 행복한 관계를 위해 최선을 다하고, 상대의 꿈에 가능한 한 지지를 보내주세요.

하지만 삶에 쉬운 해답은 없듯 현실은 생각보다 가혹할 수 있습니다. 예상치 못한 현실과 마주할 때, 당신에게는 강하게 대응할 수 있는 자유가 있음을 명심하세요. 당신이 현명한 선택을 내릴 수 있도록 우리가 도울 것입니다.

마음 탐구

1. 지금 현재 어떤 예상치 못한 현실과 마주하고 있나요?

2. 그 현실에 강하게 대응하고 있나요? 약하게 대응하고 있나요?

3. 힘을 내서 꿈을 향해 나아가려면 지금 어떤 결정을 내려야 할까요?

깨어진 꿈꾸기

주께서 내게 복을 주시려거든 나의 지역을 넓히시고, 주의 손으로
나를 도우사 나로 하여금 환란을 벗어나 내게 근심이 없게 하옵소서
—야베스의 기도 *

야베스는 큰 꿈을 꾸었다

야베스는 하느님의 복으로 자신의 영향력을 넓히길 바랐습니다.
그 과정에서 그는 타인에게 상처를 받거나 근심을 얻고 싶어 하
지 않았습니다. 그에 대한 하느님의 답으로, 〈역대기〉에는 이렇
게 함축해 적혀 있습니다.
　"하느님께서 그가 구하는 것을 허락하셨더라." **

---

* 역대기(상) 4장 10절.

* 역대기(상) 4장 10절.

야베스와 같이 바라는 바를 기도할 수 있습니다. 삶에 있어 꿈을 꾼다는 것이 어떤 가치를 지니고 있는지 생각해 보세요. 믿을 수 있는 친구와 나란히 앉아 삶에 대한 이상을 펼치며 꿈을 향한 여행을 할 수 있는 자유를 느끼려면 어떻게 해야 할까요? 어떤 조언이 필요할까요?

나는 30년이 넘게 개인과 조직 발전 분야의 멘토로서 컨설팅 일을 해오고 있습니다. 사람들이 현재 어느 위치에 있고, 그들이 어디로 가고 싶은지 깨달을 수 있도록 하며, 그들이 계획한 기간 안에 원하는 목표를 달성할 수 있도록 도움을 줍니다. 내가 만약 당신의 컨설턴트라면 지금 현재 당신이 어느 위치에 와 있는지 파악하는 것부터 상담을 시작할 것입니다.

내가 당신의 컨설턴트라면

우리가 마주 앉아 당신이 현재 어느 위치에 와 있는지 논의하게 된다면, 나는 다음의 표를 보여줄 것입니다. 나의 상담은 전적으로 당신의 꿈과 자신감, 책임감의 정도에 의존합니다.

목록의 모든 사항을 반드시 실천해야 하는 것은 아닙니다. 지

> 할 수 있는 모든 일을
> 모든 수단을 다해
> 자리한 모든 곳에서
> 가능한 한 모든 사람에게
> 할 수 있을 만큼
> 오래 지속하라.
> -존 웨슬리

일반적 상황	가능한 선택
A. 꿈을 잃다	1. 이 책을 다시 읽어보고, 그다음 원대한 꿈에 대해 숙고하고, 무엇을 해야 할지 생각하기. 2. 나와 같은 일을 하고 있지만, 그보다 좀 더 큰 규모로 임하고 있는 사람의 행동을 면밀히 관찰하기. 3. 내가 운영하는 사업체보다 적어도 50퍼센트 이상 큰 동료 사업가를 만나 그를 조언가로 삼고 그들에게 묻기. "여기서 이제 어느 방향으로 나아가면 되겠습니까?" 4. 꿈을 넓힐 수 있는 분야의 모임이나 회의에 참석하기. 5. 꿈을 위해 무엇을 투자해야 하는지 멘토에게 전망 묻기. 6. 나의 꿈을 비판하는 사람에게 약해지지 않도록 조심하기, 꿈을 쉽게 포기하지 않기, 천천히 행동하기, 내가 열정을 갖고 있는 분야를 계속해서 탐색하기.
B. 자신감을 잃다	7. 삶과 근무 환경에서 예측 가능한 부분을 재건하는 데 집중하기. 8. 깊은 휴식을 취하기, 빈스 롬바르디가 한 말 기억하기. "피로가 우리를 모두 겁쟁이로 만든다." 9. 나를 응원해주는 사람과 시간 보내기. 10. 며칠간 여행하기─좀 더 새로운 시각으로 보기 위해, 더욱 큰 그림을 그리기 위해, 계획을 다시 살피기 위해. 11. 앞으로 90일간의 우선순위와 목표, 문제점, 기회를 각각 세 가지 생각해 보기. 12. 긍정적인 진행표 검토하기. 13. 멘토나 상담가, 가까운 친구로부터 구체적인 전망 듣기. 14. 현재 맡은 수많은 책임을 다 감당할 수 있을지 고민해 보기. 그중 몇 가지 활동을 정리하면 꿈이 보다 현실성 있어질지도….
C. 현재 위치의 방향성 혹은 조직의 방향성을 잃다	15. 새로운 업무가 맞지 않는다면 자신감이 떨어질지도…. 16. 좀 더 광범위한 역할과 그에 따른 책임을 감당하는 문제에 대해 팀의 리더나 멘토와 상의하기. 17. 나의 팀을 고무시킬 방법 고안하기, 비록 내가 할 일이 늘어나더라도 내년에 조직을 2배, 3배로 키우기 위한 목표 세우기.

금 시점에서 실행 가능한 몇 가지를 고려해 보세요.

생존, 성공, 가치

지금 현재 당신의 시간, 에너지, 돈이 중점적으로 투입되고 있는
곳은 어디인가요? 생존하고 성공하는 데 몰두하고 있나요 아니
면 다른 사람의 인생에 커다란 변화를 가져다주는 데 몰두하고

	생존	성공	가치
중점	나–스스로 잠식되지 않도록 주의	나–더 많은 기회 만들기	타인–다른 이가 잠식되지 않고, 성공하도록 돕기
의문	계속 돈을 벌 수 있을까? 계속 직장을 다녀야 할까?	얼마나 더 큰 성과를 거둘 수 있을까?	어떤 차이를 만들 수 있을까?
기초	위협–하루 벌어 하루 먹고사는 생존의 문제에서 벗어나기	우선권–좀 더 많은 이득 축적하기	꿈–가치 있는 변화 모색하기
새로운 생각에 대한 개방성	낮음	중간	높음
베푸는 것에 대한 개방성	낮음	중간	높음
시간	즉시	1∼2년	5∼100년
에너지	강압적인 에너지	추동적인 에너지	꿈의 에너지
방식	수동적 결정	능동적 결정	능동적 결정

있나요? 다음의 표에서 생존, 성공, 삶의 가치에 있어 각각 어떤 차이가 존재하는지 확인하세요. 당신이 가치를 두고 있는 바 혹은 바라는 바와 완전히 일치하지 않더라도 우선 지금 현재 상황에 일치하는 내용에 표시하세요.

우리는 현실에서 생존과 성공, 의미 사이를 쉴 새 없이 오고 갑니다. 예를 들어, 의미 있는 변화를 맞길 바라지만 주위의 너저분한 상황을 마주하면 이내 무력감에 사로잡히는 것입니다. 의미 있는 삶을 위해 나아가는 과정은 장기간의 여행과 같습니다. 중간에 지쳐 후퇴하지 않도록 마음을 다잡으세요.

성공을 넘어 가치를 찾기까지

유산으로 무엇을 남기고 싶은가요? 대개 사람들은 무언가 업적을 남기고 싶어 합니다. 내가 존재했음으로 나의 인생은 물론 나를 아는 모든 사람 곧 나의 가족과 아이의 인생, 동료의 인생, 수년에 걸쳐 만난 수많은 사람의 인생이 나아지기를 바랍니다.

그러한 미래를 그리며, 지금보다 영향력을 넓히고 싶지 않은가요? 그렇다면 그 생각만으로 이미 당신의 꿈은 원대합니다!

> **DREAMING BIG**
> 우리가 매직 팀을 후원하는 이유 중 하나는 우리의 선수와 올랜도 지역사회, 크게는 전 세계인과 가치를 함께 나누는 기회를 넓히기 위해서다. 모든 이에게 긍정적인 영향력이 미치길 바란다.
>
> -리치 디보스

마음 탐구

1. 좌절하고 있다면 그 이유는 무엇인가요?

   꿈을 잃다 □   자신감을 잃다 □   책임감을 잃다 □   기타 □

2. 현재 중점을 두고 있는 것은 무엇인가요?

   생존 □   성공 □   가치 □

3. 어떤 부분에 더욱 중점을 두고 싶은가요?

중요한 일 즐기기

인생에 있어 무슨 일을 겪게 되든, 꿈꾸는 자에게는 멋진
꿈이 다가온다. 그 꿈은 지금껏 체험하지 못한 새로운 경험을
선물할 것이다. 낯설지만 결국 즐거움이 되는 그런 꿈이다
―래리 크랩

일생의 꿈이 당신에게 즐거움을 주는가?

하루하루 근근이 벌어먹고 사는 사람은 연말이 되면 한 번쯤 이
런 혼잣말을 하게 됩니다. "한 해 동안 대체 뭘 한 거지? 뭔가 달
라진 게 있긴 하나?" 지난 30일에서 90일간의 일을 돌아보세요.
어느 부분에 중점을 두고 살았나요? 혹시 이렇지는 않았나요?

과거 누군가에게 무언가 증명하려 하거나 과거의 경험으로
각인된 두려움과 고군분투하거나 과거의 일을 되풀이함.

현재 하루하루 간신히 살며, 변화를 만들기 위해 애씀.

Larry Crabb, 《Shattered Dreams》(WaterBrook Press, 2002), 1.

미래 꿈에 의해 고무되는 기분을 느낀 일이 있었나?

나는 여러 영역에 걸쳐 높은 지위에 오른 사람을 숱하게 봐왔습니다. 그들은 자신의 꿈을 믿고 끊임없이 내달렸습니다. 과거에 집착하는 삶과 꿈을 향해 가는 삶의 차이는 어마어마합니다.

미래를 그리며 가는 사람은 지나간 과거에 우울해하지 않으며, 평범한 일상에 묻혀 지내지도 않습니다. 오직 미래에 집중해 꿈을 향한 과정을 즐깁니다. 지금 당신의 모습은 어떠한가요?

나는 어디에 초점을 두고 있는가?

표를 보고 현재 자신이 어디에 속해 있는지 살펴보세요.

초점	과거의 두려움	현재의 생존	미래의 비전
현재 감정	과거의 압박	침울한 정체	꿈의 원동력
에너지 원천	어린 시절 경험에 의한 공포	현재 닥친 이슈	아이디어와 꿈
동기	기진맥진	단조로움	당근 좇기
통제력	없음	없음/있음	있음
인체에 미치는 영향	부정적, 비정상적	중립	가능성, 건강한
계획	많은 활동, 전반적인 집중력	적당한 활동, 전반적인 집중력	많은 활동, 분명한 집중력
가치와 기여에 대한 생각	낮음	낮음	높음
에너지 단계	높음	때로는 높고, 때로는 낮음	높음

나에게는 죽을 때까지 잊지 못할 대화가 있습니다. 상대는 절친한 친구로, 그때 우리는 '일을 하던 중 경험한, 무언가에 단단히 구속당한 듯한 느낌'에 대해 이야기했습니다. 과거의 경험에 휘둘리는 구속감의 순간을 포착한 다음의 이야기에 우리는 동시에 고개를 끄덕였습니다.

304.8미터 높이의 거대한 산이 있습니다. 원뿔 모양의 산에는 약 2.4미터 너비의 1차선 도로가 산 밑에서 정상까지 연결되어 있습니다. 한 대의 차가 지나가기에는 충분한 너비이지만 이 산은 매우 가파르기에 만약 도로에서 벗어난다면 족히 수백 피트 아래로 추락할 것입니다.

한 사람이 정상을 향해 홀로 길을 걷고 있습니다. 부지런히 앞으로 나아가지만 매우 높고 가파른 산이라 아주 오랜 시간이 걸립니다. 어쩌면 수년이 걸릴 수도 있습니다. 그는 열심히 걷습니다. 완전히 지쳐 나동그라질 때까지 울퉁불퉁한 산길을 끊임없이 걷습니다. 그러다 잠시 발길을 멈추고 자리에 누워 잠이 듭니다.

몇 시간 후, 그는 불도저 소리에 잠을 깹니다. 아주 거대한 불도저가 뒤에서 천천히 다가오고 있습니다. 그는 즉각 자리에서 일어나 산의 정상을 향해 달려 불도저와 거리를 벌립니다. 하지만 불도저는 하루 24시간, 일주일 내내 서서히 움직입니다. 그를 향해 쉼 없이 다가옵니다. 불도저를 보며 사정해도 소용 없습니다. 불도저는 그저 무심히 전진할 뿐입니다. 만약 잠시라도 자리에 앉아 쉬었다가는 그는 불도저에게 떠밀려 산 밑 낭떠러지로 추락할 것입니다.

그는 온종일 있는 힘을 다해 걷습니다. 중간에 잠시 휴식을 취하지만 곧 불도저 소리가 들려옵니다. 어느새 불도저는 1미터 앞에서 움직이고 있습니다. 깜짝 놀란 그는 자리에서 일어나 불도저를 피해 도망치기 시작합니다. 그러나 불도저가 보이지 않을 즈음 잠자리에 들지만, 다음 날 아침 불도저는 또다시 그의 가까이에 와 있습니다.

'구속감'을 느끼는 사람은 위의 이야기에서 언뜻 불도저가 무엇을 의미하는지, 그리고 무엇이 저 사람을 낭떠러지로 몰아가고 있는지 알아채지 못합니다. 또한 자신이 느끼는 구속감이 실패에 대한 두려움인지, 거절에 대한 두려움인지, 아니면 그 외의 다른 어떤 두려움인지 알지 못합니다. 그렇기에 그들은 불도저를 피하기 위해 여러 가지 방법을 시도합니다. 하지만 수많은 시도에도 그들은 자신이 무엇이 되고 싶은지, 무엇을 하고 싶은지, 무엇을 이루고 싶은지 혹은 무엇을 얻고, 사고, 갖고, 소유하고 싶은지 알지 못합니다. 불도저가 자신을 쫓지 않을 때까지 그저 만족 없는 시도를 계속할 뿐입니다.

당신은 불도저에게 쫓기는 기분을 느낀 적이 있나요? 통제력을 잃었던 순간이 있나요? 스스로 그만둘 수 없는 상황에 처한 일이 있나요? 만약 그렇다면 구속감이 들었을 때 당신을 속박한 것은 무엇이었나요? 과거의 무엇이 당신으로 하여금 자꾸만 무언가를 증명해 보이거나 성취하게 했나요?

구속감은 종종 어린 시절의 경험에서 기인한 공포증으로 유발됩니다.[*] 공포는 내면에서 일정한 에너지를 형성하는데, 이 에너지는 거절의 불도저, 실패의 불도저, 산 위로 밀어올리려 하는 그 모든 불도저보다 앞서 달리게 합니다. 이러한 모든 과정은 매우 부정적이며 건강하지 못합니다. 미래에 의해 움직이는 것이 아닌 이미 지난 과거에 의한 것이기 때문입니다.

활발히 움직임에도 아무것도 이룬 것 없다는 두려움으로 인생을 살아간다면 그대로 소모되어 곧 지치고 말 것입니다. 꿈이 없는 활동은 무상할 뿐입니다. 그렇게 되면 힘을 소진해도 다시 충전할 수 없으며, 새로 기름을 넣을 수도 없습니다. 일회용으로, 소진된 에너지는 그대로 끝입니다. 불도저를 피해 계속 달리고 그로 인해 점차 지쳐갈 뿐 그 어디서도 새로운 힘을 얻을 연료를 찾을 수 없습니다.

---

[*] Bobb Biel, Why You Do What You Do(Nashville: Thomas Nelson Inc., 1993).

미래에 고무되는 것의 장점

꿈의 에너지가 있다는 것은 곧 미래를 위한 긍정적이고 건강한 에너지를 있음을 의미합니다. 통제력 또한 분명하게 느낄 수 있습니다. 스키장의 슬로프에서 스키를 끌어올리는 밧줄을 생각해 보세요. 줄을 잡으면 자동으로 산 정상까지 끌어올려집니다. 당신은 산 정상에 도착해 그저 잡고 있던 줄을 놓기만 하면 됩니다. 정상에서 다시 스키를 타고 내려오고 싶다면 그렇게 하면 됩니다. 당신이 편안함을 느끼는 단계 내에서 어디서 움직이고, 또 어디서 멈춰야 할지 완벽한 통제가 가능합니다.

꿈은 미래에 집중할 수 있도록 합니다. 새로운 날을 맞이하리라는 열망으로 하루를 시작할 수 있게 합니다. 꿈은 당신을 매혹해 앞으로 나가게 하며, 그렇게 조금씩 변화를 가능하게 합니다.

즐거움 경험하기

우리는 과거, 현재, 미래에 조금씩 마음을 쏟으며 살아갑니다. 별 대단찮은 일이라고 생각할 수 있지만 만약 당신이 엄청나게 큰 산과 마주하고 있다면 그건 분명 큰일입니다. 삶에는 나름의 고통과 고난이 있기 마련이지만 미래가 아닌 다른 것에 마음을 쏟는다면 당신은 삶의 즐거움을 빼앗기며 살아갈 것입니다.

단지 미래를 꿈꾸는 것만으로 행복의 문턱에 올라설 수 있다는 것은 아닙니다. 중요한 건 '지금 기운을 어디에 집중할 것인가'입니다. 앞으로 내가 무엇이 될지, 무엇을 가질지, 무엇을 할지 혹은 어떤 기여를 할지 그 마음가짐에 따라 즐거움이 달라집니다. 또한 미래에 집중함으로써 지금 순간에 힘을 얻고, 과거의 부정적인 상처를 잊는 데 도움이 됩니다.

마음 탐구

1. 지금껏 생각이나 동기가 어디에 집중되어 있었나요?

　과거 □　　　　현재 □　　　　미래 □

2. 생각만큼 미래에 집중할 수 없다면, 무엇을 변화시켜야 할까요?

다음 세대에 멘토링하기

스스로를 돕지 않고선 그 누구도 진정으로 남을 도울 수 없다
이것이야말로 삶의 가장 아름다운 보상 중 하나다
—랄프 에머슨

당신은 무엇에 열정을 갖고 있는가?

"지금 무엇에 열정을 갖고 있나요?"

"멘토링!"

멘토링은 내 일생의 꿈이었습니다. 이 책에 멘토링을 첨가한 것은, 멘토링이 꿈을 이루는 데 큰 의미를 차지하기 때문입니다. 멘토와 멘티의 관계가 얼마나 가슴 벅찬 일인지 알고 있나요?

무척 중요한 어떤 일을 이루었을 때의 기분을 생각해 보세요. 이를테면 평소 좋아하던 사람과 데이트를 한다든지, 같은 목적을 가진 사람들과 팀을 구성한다든지, 학위를 취득한다든지, 상을 탄다든지, 결혼을 한다든지, 아이에게 처음 사랑한다는 말을 듣는다든지 하는 일을 말입니다.

이 같은 기쁨을 나뿐 아니라 다른 사람에게도 느끼게 할 수 있다면 그건 굉장히 행복한 일일 것입니다. 이것이 바로 '삶이 주는 아름다운 보상' 가운데 하나입니다.

멘토링이란?

멘토링은 다른 사람의 잠재력을 끌어내고, 능력을 발휘하도록 돕는 멘토-멘티의 평생에 걸친 동반자적 관계를 말합니다.

내게 있어 멘토링은 곧 열정입니다. 그 이유는 내가 지금껏 멘토링한 다른 사람의 얼굴에서 분명히 드러납니다. 나의 멘토링이 다른 사람을 성공으로 이끌 때 그들의 웃음과 기쁨을 마주하는 일은 무척 행복합니다.

DREAMING BIG
우리의 임무는 2015년까지 100만 명의 성인을 다음 세대를 위한 지도자로 다듬고 훈련하는 것이다.[•]
-제프 마이어스
(Passing the Baton Intl.)

나는 직업적 꿈과 비전에 대해 주로 멘토링하는 편인데, 일반적으로 멘토의 역할은 정신적·사회적·육체적인 삶의 여러 면에서 영향을 미칠 수 있습니다.

[•] Jeff Myers, 《Handoff》(Dayton, TN: Passing the Baton International, 2006), 2.

오늘날 우리의 세상은 옛사람들의 꿈이 모여 이루어진 것입니다. 마찬가지로 우리 아이들이 앞으로 알아갈 세상에는 지금의 우리가 나누는 멘토링이 반영될 것입니다. 놀랍지 않은가요?

나보다 나이가 어리거나 경험이 부족한 사람에게 내가 알고 있는 지혜를 전함으로써 그들을 도울 수 있습니다. 멘토로 나서는 일은 부담을 가질 만한 것이 아닙니다. 그저 내가 아는 것을 다른 이와 함께 나누는 것입니다.

멘티를 만났을 때 다음의 두 가지 질문을 던져보세요.

"당신에게 가장 우선되는 것은 무엇인가요?"

"내가 어떤 도움을 주길 바라나요?"

자, 다음 세대를 위한 멘토링을 즐겨보세요. •

이상적인 멘티란?

멘티란 경험이 적은, 도움을 필요로 하는 사람을 말합니다. 만약 '다른 이가 깨닫도록 돕는 일'을 꿈꾼다면, 자문해 보세요.

'나는 멘티에게 무엇을 바라는가?'

대답하기에 앞서 다음의 사항을 참조하세요. 멘티를 선택하기 전에 그 사람이 자격을 갖추었는지를 확인해 보세요.

• Bobb Biehl, 《Mentoring》(Lake Mary, FL: Aylen Publishing), 2004 참조.

믿을 수 있다

멘티를 신뢰할 수 있는지 스스로에게 물어보세요.

'나의 에너지와 시간을 투자해도 아깝지 않을 만큼 이 사람을 믿는가? 이 사람의 잠재력을 믿는가?'

언젠가 멘티가 대단한 리더십을 발휘할 것이다 혹은 멘토의 능력을 뛰어넘을 것이라고 판단될 수 있습니다. 멘티가 전적으로 멘토를 의지하고 하나라도 더 배우려고 한다면 멘토는 멘티의 영향력을 넓히는 데 핵심 역할을 할 수 있습니다.

언제든 함께 시간을 보낼 수 있다

멘티는 의무감이 아니라 함께 하면 진심으로 기분이 좋은, 언제든 자연스럽게 어울릴 수 있는 사람이어야 합니다.

흥미롭게 몇몇 멘토는 특정 멘티에게 관심을 보입니다. 이를테면 문제 있는 아이나 미혼모 혹은 정신적·감정적·육체적으로 다양한 어려움을 겪는 사람에게 이끌릴 수 있습니다.

도움을 지속할 수 있다

멘토는 자기의 이익보다는 멘티를 더 생각하는 관계를 맺게 됩니다. 반면 멘티는 종종 고맙다는 인사를 잊어버리기도 합니다. 자기의 생각에 갇힌 나머지 기본적인 예의를 깜박하는 것입니다. 이와 같이 만약 멘티로부터 감정적 보상을 받을 수 없다 해도 당신은 계속 그 사람을 도울 수 있을까요?

가족 같다

멘토와 멘티는 오랜 기간 친구가 되어야 합니다. 매사 좋은 관계가 지속되지 않더라도 쉽사리 손을 놓아서는 안 됩니다. 그 어떤 좌절이나 실패의 순간에도 항상 함께 하는 가족과 같이 내가 끝까지 도울 수 있는 사람을 멘티로 삼아야 합니다.

가르침을 잘 받아들인다

멘티가 가르침을 잘 받아들인다면 멘토는 그의 잠재력을 끌어내고 싶은 열정이 생길 것입니다. 반면 멘티가 가르침을 따르지 않고 거부한다면 멘토는 힘을 잃을 것입니다.

존경한다

멘티가 멘토를 존경하고 동경한다면 그는 매우 열정적인 학생이 될 가능성이 높습니다.

스스로 동기화된다

먼저 나서서 멘토를 좇는 멘티와, 계속해서 멘토에게 도움을 청하는 멘티 중에서 어떤 유형을 선호하나요? 아마도 멘티 스스로 동기화되어 멘토를 찾고, 다음 단계에 대해 끊임없이 묻고 배우고 성장하려는 멘티를 바랄 것입니다. 이러한 사람은 멘토의 재촉 없이도 자신의 역량을 확장하려고 합니다.

편안한 관계다

멘티가 멘토를 위협적으로 느끼고, 당당하게 이야기하지 못한다면 혹은 어떤 형태든 멘토와 멘티 사이에 불안한 관계가 지속된다면 아마 서로 다른 상대를 찾고 싶어질 것입니다. 멘티가 멘토를 무서워해선 안 됩니다. 동경하고 존경해야 합니다.

당신이 갖고 있는 것을 필요로 한다

멘토로부터 적극적인 돌봄을 받지 못하는 멘티는 대개 성공하지 못하는 경우가 많습니다. 따라서 대부분의 멘토는 특별히 더 마음이 가고 돌볼 수 있는 사람에게 관심을 가집니다.

멘티가 위의 자격을 충족하지 못한다 해도 괜찮습니다. 자신에게 적합한 멘티라고 판단되면 소신껏 '아름다운 보상'을 실천하세요. 그것 또한 당신의 꿈을 실천하는 위대한 방법입니다.

마음 탐구

1. 위의 항목 중 내 멘티가 지녔으면 하는 자격은 무엇인가요?

2. 그러한 자격을 지니고 있는 사람을 알고 있나요?

3. 멘티에게 구체적으로 어떤 도움을 줄 수 있나요?

4. 멘토와 멘티의 관계에서 어떤 이점을 얻을 수 있을까요?

꿈 나누기

혼자서는 많은 것을 할 수 없지만
함께라면 많은 것을 해낼 수 있습니다.
—헬렌 켈러

다른 사람들에게 꿈꾸는 법을 가르치는 것은 '꿈을 향한 31일간의 여행'의 큰 이점 중 하나다. 당신의 리더십은 다른 사람들의 삶의 질과 방향에 직접적인 영향을 미칠 것이다. 그와 동시에 당신 역시 많은 것을 성취할 수 있을 것이다. 팀워크가 바로 꿈의 실현을 가능케 한다.

리더십 증명하기

리더십은 그저 행동의 일환이라기보다 일종의
예술이자 믿음이며 온전한 마음의 상태라고 할 수 있다.
—맥스 디프리[*]

어떤 지도자가 되고 싶은가?

위대한 지도자라면 어떤 자질을 가지고 있어야 할까요? 풍부한
사업 경험? 타고난 말주변? MBA 학위? 허먼 밀러의 전 CEO인
맥스 디프리는, 리더십이란 곧 예술이며 그 예술은 자신의 믿음
과 마음 상태에 크게 영향을 받는다고 말했습니다.

이번 장에서는 팀원을 실력 있는 리더로 육성하는 데 필수적
인 세 가지 마음 상태에 대해 이야기하고자 합니다. 리더의 조건

---

[*] Max De Pree, 《Leadership is an Art》(New York: Doubleday, 1989), 136.

은, 타고난 본성으로 지닌 사람도 있지만 설사 그렇지 않다 해도 노력하면 누구든 갖출 수 있습니다.

나의 팀원인 배우자, 가족, 친구, 동업자가 당신에게서 이러한 점을 발견한다면 그들은 당신의 리더십을 신뢰할 것입니다. 또한 그들 역시 또 다른 관계에서 역량을 발휘하길 바랄 것입니다.

꿈꾸기

위대한 리더란 꿈꾸는 사람입니다. 그들은 현재를 초월해 사고하고, 그 사고는 바로 미래에 대한 비전이 됩니다. 맑고 분명한 꿈은 리더십의 토대가 됩니다. 리더십이란 다음에 무엇을 해야 하고, 왜 그것이 중요하고, 당장 필요한 자원을 어떻게 얻을지 아는 능력입니다. 그중 꿈꾸기는 지도자의 핵심 항목입니다.

다른 이가 꿈을 명확히 하도록 가르친다는 것은 곧 그들이 지도자로 성장하도록 돕는 것입니다. 그들은 다음의 질문을 던지고 그에 답하는 법을 깨닫게 될 것입니다.

"다음에는 무엇을 해야 하나요?"

"왜 이것이 중요한가요?"

"그것을 위한 자원은 어디서 찾을 수 있나요?"

지도자는 신뢰의 핵심에 자리합니다. 신뢰는 곧 마음의 상태를 대변합니다. 뛰어난 지도자라면 다른 사람이 닮고 싶어 할 만한 마음 상태를 지니고 있어야 합니다.

광범위하게 말해, 지도자의 영향력은 다음의 신뢰 시스템과 그 시스템에 함축된 질문에 의해 크게 영향을 받습니다.

인간

"인간은 신의 모습대로 창조되었나, 우연히 만들어졌나?"
"이 질문에 대한 대답은 사업상 결정에 영향을 미칠까?"
"인간에 대한 관점은 리더십에 어떤 영향을 미칠까?"

삶

"신에 대한 믿음이 내 삶에 대한 사명에 영향을 미칠까?"
"삶에 대한 사명이 내가 사는 방식에 어떤 영향을 미칠까?"
"내 삶의 방식이 내 꿈에 어떻게 반영될까?"

시간을 두고 위의 질문에 대해 생각해 보세요. 마틴 루터 킹의 리더십에 믿음이 어떤 극적인 영향을 미쳤는지 알고 있나요? 그는 하느님께서 모든 인간을 평등하고 동등하게 창조했다고 믿었습니다. 그렇기에 그는 인류의 정의를 위해 자신의 삶을 오롯이 헌신했습니다. 믿음이 꿈의 밑거름이 된 셈입니다.

"우리로 하여금 절망의 골짜기를 걷지 않도록 하여 주십시오. 나는 꿈이 있습니다. 어느 날 이 나라가 모든 사람은 평등하게 만들어졌다는 것을 명백한 진실로 여기고 그 진실한 신념의 의미를 갖는 날이 오는 꿈입니다. 나는 꿈이 있습니다. 어느 날 조지아의 붉은 언덕 위에 농노의 자식과 영주의 자식이 함께 둘러앉아 살게 되는 꿈입니다.

나는 꿈이 있습니다. 황폐한 미시시피 주의 학대와 불공평의 열기의 무더움조차 자유와 정의의 안식처로 바뀌는 꿈입니다.

나는 꿈이 있습니다. 나의 자식들이 이 나라에 살면서 피부색이 아닌 인격으로 평가받는 날이 오는 꿈입니다.

나는 지금 꿈이 있습니다. 앨라배마 주의 주지사의 입에서 주권 우위설과 연방법 실시 무효화가 언급되어 흑인과 백인 어린아이가 손잡고 형제자매와 같이 함께 걷는 날이 오는 것입니다.

나는 지금 꿈이 있습니다. 어느 날 모든 산골짜기가 솟아오르고, 모든 언덕과 산이 주저앉으며, 거친 곳이 평탄해지고, 굽어진 곳이 곧게 펴지며, 주의 영광이 나타나 그 모습을 모든 인간이 함께 볼 수 있는 날이 오는 꿈입니다."*

마틴 루터 킹은 자신의 꿈을 토대로 수백만 명의 사람을 하나

---

* 1963년 8월 28일 워싱턴 D.C.에 있는 링컨 기념관에서 열린 마틴 루터 킹의 강연 'I Have A Dream' 중에서 발췌.

로 만든 대표적인 리더입니다. 리더는 진실에 변명하지 않습니다. 그들의 믿음은 사람들의 마음속에 용기를 심어줍니다. 그 누구도 그들을 겁먹게 할 수 없습니다.

섬기기

믿음은 섬기려는 사람의 의지에 영향을 미칩니다. 만약 자신이 세상의 중심이라고 믿는다면 그는 섬기는 마음을 가질 수 없을 것입니다. 만약 내가 속한 팀이 오로지 나를 위해 존재한다고 믿는다면 자신의 영향력을 온전히 발휘할 수 없을 것입니다. 또한 팀을 내 뜻대로 통제하고, 위협하고, 조작하는 행위가 곧 리더십이라고 믿는다면 그 영향력은 오래 지속되지 못할 것입니다. 종국에는 팀의 구성원이 나를 향해 반기를 들지도 모릅니다.

오스트리아의 심리학자인 빅터 프랭클은 독일 나치 시절 수용소에 갇힌 동안, 함께 고난을 겪은 사람들을 관찰하던 중 수많은 이들이 죽음을 맞이하는데 어떤 사람은 끝까지 살아남는 것을 보고 대체 저들은 무엇으로 생존하는지 궁금해졌습니다. 건강, 생기, 가족 형태, 지식, 생존 능력 등의 여러 요인을 떠올렸지만 그 어떤 것도 주요한 원인은 되지 않았습니다. 그러던 중, 그는 마침내 생존자에게 공통적인 '믿음'이 있음을 발견했습니다. 그늘에게는 수행해야 할 임무가 남았다는 믿음 즉, 다른 이를 섬기

모두 위대해질 수 있습니다. 왜냐하면 우리 모두 섬길 수 있기 때문입니다. 섬기는 데는 대학 학위가 필요치 않습니다. 섬기는 데는 반드시 문법적으로 옳은 말을 할 줄 알아야 하는 것이 아닙니다. 그저 주님의 은혜로 가득 찬 마음만 있으면 됩니다. 영혼은 사랑으로 말미암아 탄생합니다.
−마틴 루터 킹

는 중요한 임무가 있었습니다.[*]

리더의 리더십은 꿈꾸고, 신뢰를 얻고, 다른 이를 섬기는 것에 기초합니다. 예수는 열두 제자에게 이렇게 말했습니다. "지도자는 섬기는 사람이 되어야 한다. 나는 섬기는 사람으로 너희 가운데 있다."[**]

자신이 무엇을 해야 하고 그에 따른 자원을 어떻게 구할지 스스로 아는 사람도 있지만 대부분 자신을 깨우칠 지도자를 원합니다. 자신 안에 깊이 잠든 꿈을 끌어내 색을 입히는 법을 알려줄 사람을 찾습니다. 누군가의 꿈을 채색한다는 것, 이것이 바로 리더십의 예술입니다.

마음 탐구

1. 주변에 능력 있는 리더라고 할 만한 사람이 있나요? 그 사람은 리더의 자질인 '꿈꾸기', '신뢰하기', '섬기기'를 어떻게 드러내고 있나요?

2. 어떻게 하면 좀 더 효과적인 리더가 될 수 있을까요?

---

[*] Victor Frankl, 《Man's Search for Meaning》(Boston: BeaconHill Press, 1959).

[**] 누가복음 22장 26~27절.

드림팀 만들기

예전과 달리 오늘날의 조직적 지도자는 성과를
최대화하려면 팀을 꾸려야 한다는 사실을 깨달았다
―켄 블랜차드[*]

**원대한 꿈을 이루기 위해 함께 같은 곳을 바라보며 나아갈 수 있는 사람을
찾는다면, 우선 팀을 어떻게 구성해야 하는지 알아야 한다**

미국의 전설적인 농구 코치 존 우든은 스타플레이어 위주로 팀
을 구성하는 방식을 좋아하지 않았습니다. 그는 말했습니다.

"경기에 있어 한 선수가 얼마나 뛰어난지, 얼마나 대단한 '스
타'인지 상관없습니다. 그 사실은 도리어 팀의 균형에 방해가 됩
니다. 팀이 스타가 되어야지, 개인이 스타가 될 순 없습니다."[**]

---

[*] Ken Blanchard, 《The Heart of a Leader》(Tulsa: Honor Books), 1999.

[**] John Wooden with Steve Jamison, 《Wooden》(Chicago: Contemporary Books, 1997), 63.

축복받은 능력을 타고났지만 자신의 재능을 팀의 이익을 위해 사용하길 거부함으로써 결국 기회를 놓치게 되는 사람을 본 적 있습니까? 남보다 유독 뛰어난 사람은 자신만 주목받길 바라기 때문에 팀을 꾸려 행동하는 일반 사람들에게는 결코 득이 되지 않습니다.

드림팀을 만들려면 먼저 팀을 구성하는 기술을 알아야 합니다. 이는 각 구성원이 가진 꿈의 에너지를 하나로 모아 다 함께 커다란 꿈을 향해 나아가는 기술입니다.

꿈의 분명한 방향 정하기

첫 번째, 팀을 구성하는 기술은 팀과 꿈의 방향이 일치하는 사람을 찾는 것입니다. 다음의 그림에서 큰 화살표는 개인적으로, 조직적으로 나아가려는 꿈의 방향을 의미합니다.

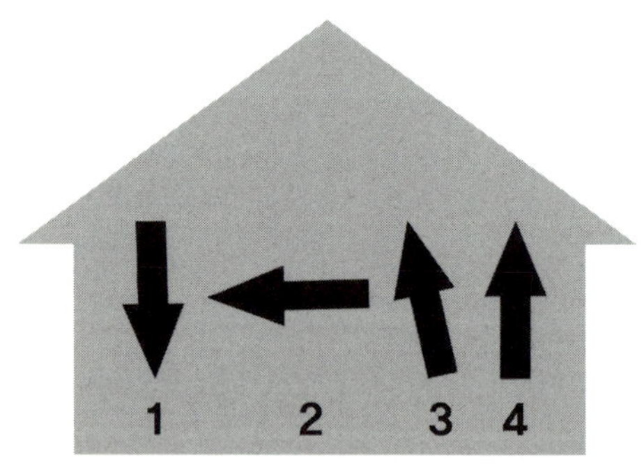

   1번의 화살표는 아래를 향하고 있습니다. 즉, 정반대의 방향으로 나아가려는 사람입니다. 이와 같은 사람은 팀의 구성원으로 되기에는 무리가 있습니다. 개개인의 욕구에 맞춰 팀을 꾸릴 수는 없습니다.

   2번 화살표는 앞으로 나아가기는 하지만 위를 보지 않고 옆을 향하고 있습니다. 이런 사람은 이렇게 말할지도 모릅니다.

> 꿈을 이루는 것은 곧 마차와 말의 관계와 같습니다. 잘 훈련된 말이 없다면 꿈의 마차는 아무 데도 갈 수 없기 때문입니다.
> —렉스 머피

"우리의 꿈은 올바른 각도로 가고 있어요. 그저 나와 당신은 방향이 다를 뿐이죠."

이러한 사람이 팀원이 된다면 한 달 혹은 1년까지도 함께 할 수 있을지 모르지만 그가 팀에 기회를 가져다주기까지는 꽤 오랜 시간이 필요할 것입니다. 하지만 그날이 오기 전에 그는 팀을 떠날 가능성이 높습니다. 그는 아마도 팀에 속해 있는 내내, 억지로 자신의 방향을 팀과 맞추기 위해 애썼을 것입니다.

   3번 화살표는 조금 비스듬하기는 하지만 확실히 위를 향해 뻗어 있습니다. 팀과 유사한 꿈을 꾸며, 비슷한 방향으로 나아가고 있다는 뜻입니다. 이러한 사람은 좀 더 오랫

동안 팀에 남아 있을 가능성이 높습니다. 한 달에서 1년 혹은 그보다 더 많은 시간을 함께 할 수 있을 것입니다. 하지만 그는 방향이 비슷해 함께 움직일 뿐 결국은 자기의 나아갈 길을 찾아 떠날 것입니다.

 4번 화살표는 올곧게 위를 향하고 있습니다. 아마도 이러한 사람을 만나, 그가 품은 꿈의 이야기를 듣게 된다면 당신의 머릿속에서 불빛이 번쩍일 것입니다. 그 역시 당신이 만들고자 하는 팀의 방향을 듣는다면, 자신이 팀의 구성원이 됨으로써 더욱 발전하며 꿈에 가까이 다가갈 수 있음을 믿을 것이며 그러한 생각에 무척 흥분하고 고무될 것입니다. 그는 신뢰를 가지고 팀이 나아가려는 방향을 따르고, 어떠한 가르침도 열린 마음으로 받아들일 것입니다. 바로 팀원으로서 적격인 사람입니다.

마이애미의 팻 라일리 사장은 이런 말을 했습니다.

"팀워크는 단 하나의 방향성을 이룩해 가려는 구성원들의 노력이 빚어내는 것이다."•

심리학자 워렌 베니스는 수년 동안 150개 기업의 리더를 연구한 결과, 성공적인 리더의 자질 가운데 최고는 바로 비전의 방향

• Pat Riley, 《The Winner Within》(New York: The Berkley Publishing Group), 1963.

을 분명하게 제시하는 것 즉, 팀원이 원하는 바를 정확히 집어내고 그 길로 나아가는 것이라고 말했습니다.

"내가 알고 있는 리더는 전부 강한 목적의식을 갖고 있었어요. 분명하게 정리된 비전과 목적을 토대로 구성된 조직은 강한 힘을 갖고 있지요."•

구성원의 동기를 토대로 전망하기

두 번째, 팀을 구성하는 기술은 그 사람의 인생의 우선순위를 살피는 것입니다. 특히 다음의 세 가지 항목을 염두에 두고 이러한 우선순위를 가진 사람을 찾아야 합니다. 첫째, 꿈. 둘째, 꿈을 충족시킬 수 있는 심리학적 성향. 셋째, 꿈을 꾸며 생계를 이어갈 수 있는 재정적 능력. 이 세 가지 사항이 서로 맞물린 사람은 강력한 동기에 의해 움직입니다.

팀원을 찾기 위한 또 다른 방법으로, 지금은 고인이 된 테드 엥스트롬의 이야기를 하겠습니다. 그는 비영리단체의 회장을 역임했고, 세계적인 경영 관리 전문가로 알려져 있습니다. 어느 날, 테드에게 이렇게 물은 적이 있습니다.

"드림팀이 되기 위해 반드시 갖춰야 할 요소는 무엇인가요?"

• 〈Fortune〉, 1994년 9월 19일, 241에서 인용.

테드는 짧고 간결하게 대답했습니다.

"둥그런 구멍에 둥그런 못을 박는 것입니다."

강한 팀을 만들기 위해서는, 구성원이 자신의 꿈을 실현시키는 데 도움이 될 만한 일을 해야 합니다. 그렇다면 팀원들의 꿈이 모두 동일해야 할까요? 물론 그렇지는 않지만 같은 팀의 구성원은 꿈의 방향성이 같아야 합니다. 여기서 나올 수 있는 질문은 무엇일까요?

"그 사람이 과연 그것을 할 수 있을까?"

이 질문은 답이 아닙니다. 아인슈타인도 마음만 먹으면 거리의 택시 운전사가 될 수 있었을 겁니다. 여기서 올바른 질문은 바로 이것입니다.

"그 사람은 무엇을 하고 싶어 할까? 팀이 함께 이끌어가는 꿈의 방향을 따라가며 자신의 꿈도 이룰 수 있을까?"

현재 리더의 위치에 있고, 여러 팀원이 당신과 함께 한다면 그들에게 드림팀의 자질을 가르쳐주세요. 다음의 사항을 실천함으로써 팀은 최대치의 성과를 낼 수 있습니다.

- 분명한 꿈
- 꿈을 좇고자 하는 의지
- 더 나은 성장을 위해 배우고 변화하려는 내적 욕구
- 팀의 구성원이 되려는 노력

지금 당신은 둥그런 구멍과 둥근 못이 보입니까? 가르침으로 이끌 리더와 팀원의 꿈이 하나로 모일 때 그 팀은 성공을 향해 나아갈 동기와 에너지가 가득해질 것입니다.

다른 이를 도울 수 있는 역량을 가진 강인한 팀원 찾기

세 번째, 팀을 구성하는 기술은 다른 이들을 돕고자 하는 사람을 찾는 것입니다. 이러한 특성을 지닌 대표적인 인물로, 론 헤일을 꼽을 수 있습니다. 그는 매사 자신보다 못한 사람을 위해 헌신하는 삶을 살았습니다.

지금껏 살면서 가장 좋았던 나의 경험 중 하나는, 고즈넉한 어느 밤 무렵 흔들의자에 앉아 론 헤일과 함께 시간을 보냈던 때입니다. 그날 우리는 기업가인 안젤로 다미코로부터 초청 강사로서 초대를 받았습니다. 강연이 끝나고 안젤로는 전도유망한 청년 멘티 2~30명과 초청 강사들을 자신의 방으로 불러 모임을 가졌습니다.

이 갑작스러운 모임은 자정에 시작해 새벽 4시 무렵까지 계속되었습니다. 당시 60대였던 론 헤일은 평소라면 잠자리에 들었을 시간임에도 피곤한 기색 없이 그곳에 모인 사람들에게 자신의 지혜를 나누어주었습니다. 어떻게 멘티를 모으는지, 어떻게 승자를 점찍는지, 어떻게 팀을 꾸려가는지, 어떻게 하면 승리한 삶을 살 수 있는지에 대한 그의 진심에서 우러난 경험과 생각을 들을 수 있었습니다.

그의 이야기를 듣던 중, 나는 한 가지 의문을 가졌습니다.

'론 헤일은 수백만 달러를 벌어들인 사람이다. 그런데 대체 그 같은 사람이 뭐가 아쉬워서, 새벽 4시에 멘티들을 위해 시간을 내주고 있는 걸까? 어떻게 하면 그의 인생을 닮아갈 수 있는지 가르쳐주고 있는 걸까?'

그때 나의 결론은 바로 이것이었습니다.

'아, 론의 꿈은 돈이 아니다.'

무언가를 이미 많이 가졌다는 것은 더는 그것으로 인해 마음이 움직이지 않음을 의미합니다. 예를 들어, 배가 부른 사람은 빵 한 조각을 보고 마음이 흔들리지 않습니다. 또한 물이 충분하다면 생수 한 병에 신경 쓰지 않습니다. 마찬가지로 돈이 충분하다면 그보다 더 많은 돈은 더는 의미가 없습니다.

론 헤일은 아직은 어린 리더들에게 성장할 기회를 선물함으로써 자신도 힘을 얻었습니다. 그에게 있어 원대한 꿈은, 아마도 다른 사람에게 에너지를 건네는 것이 아니었을까요. 밤늦은 시간뿐 아니라 남은 자신의 일생 동안.

돈, 그 이상의 가치를 꿈꾸는 사람을 불러모으세요. 돈에 대한 목표만 있다면 언젠가는 지치기 마련입니다. 바라는 만큼의 돈을 가진 다음에도 계속해서 앞으로 나아가고, 미래를 건설하고,

배우고, 성장하고, 뻗어나가려면 돈이 아닌 다른 동기가 필요합니다. 그것은 아마도 자신과 같은 꿈을 꾸는 사람을 도움으로써 가능할 것입니다.

마음 탐구

1. 나의 팀에 적합한 멘티를 찾는 데 도움이 될 만한 통찰력을 얻었나요?

2. 멘티를 찾는 능력을 10퍼센트 키울 수 있다면, 나 혹은 팀의 능률은 얼마만큼 변화할까요?

3. 멘티를 찾는 능력을 키우려면 무엇을 해야 할까요?

꿈이 반짝이는 질문 던지기

창의적인 사고를 가능케 하는 주요한 요인은 곧 핵심적 질문이다. 바른
질문은 때로 문제의 핵심을 관통하고, 새로운 생각과 통찰력을 불러일으킨다
—브라이언 트레이시

올바른 질문은 팀원이 꿈을 발견하는 데 도움이 된다

스물세 번째 날에 언급했듯 팀원을 구성하는 데 올바른 질문은
"이 사람이 그 일을 할 수 있는가?"가 아닌 "이 사람이 진정 무
엇을 하고 싶어 하는가?"입니다. 돈 때문이 아니라 진정 마음이
원할 때 그 일을 더욱 오래도록 할 수 있습니다.

그 사람의 마음속에 자리한 진정한 꿈을 알기 전까지는 팀원
으로 받아들이지 않는 편이 좋습니다. 꿈을 알기 전에는 그저 그
사람의 가능성을 최대한으로 끌어내기 위해 동기를 부여하려면
무엇이 필요할지 추측할 수 있을 뿐입니다.

사람의 마음을 어떻게 들여다볼 수 있을까요? 그 사람이 누구

인지, 그에게 일생의 동기를 만들어주려면 무엇을 해줘야 하는지 어떻게 알 수 있을까요? 사람의 마음을 살짝 들여다볼 때 내가 사용하는 세 가지 질문이 있습니다.

'3일 완성 리더십' 상급반 학생인 톰이 언젠가 내게 이런 질문을 던졌습니다.

"밥, 어떤 사람을 알아보는 데 오직 세 가지 질문만 할 수 있다면 뭘 물어보겠어요?"

그의 질문은 정말 기발한 것이었습니다. 만약 나라면 다음의 세 가지를 물어볼 것입니다.

1. 당신의 가장 큰 꿈, 일생의 원대한 꿈은 무엇인가요?
2. 꿈을 실현하는 데 방해가 되는 가장 큰 세 가지 장해물은 무엇인가요?
3. 꿈을 실현하는 데 있어 50퍼센트 발전하기 위해 앞으로 90일간 단 세 가지의 일을 할 수 있다면 무엇을 할 건가요?

10가지 마음 읽기 질문

톰의 질문을 받고 난 뒤, 나는 원대한 꿈을 어떻게 발견할 수 있는지와 관련해 그것을 10개의 질문으로 확장해 보았습니다. 다음은 다른 사람의 마음을 읽는 데 도움이 될 만한 질문입니다.

1. 당신의 꿈은 무엇인가요?

2. 장기적으로 보았을 때, 가장 중요한 꿈은 무엇인가요?

3. 왜 그 꿈이 중요한가요?

4. 그 꿈이 실현되리라고 얼마만큼 자신하나요?

5. 죽기 전, 오직 세 가지 일을 할 수 있다면 무얼 할 건가요?

6. 과거에는 어떤 꿈을 가지고 있었나요?

7. 당신의 가장 큰 장점은 무엇인가요? 제일 잘하는 건?

8. 지금 당신의 '열정'은 무엇인가요? 무엇이 당신을 동정심에 눈물 흘리게 하고, 화가 나게 만드나요?

9. 꿈을 좇는 과정에 있어 장해물 세 가지를 꼽아 보세요.

10. 앞으로 90일간 단 세 가지의 일을 할 수 있다면 무엇을 할 건가요?

소소한 대화나 그 안에 숨은 방어를 토대로 사람을 알아보려 할 때 위의 10가지 질문을 던짐으로써, 그 사람이 멘티로서 충분한 마음가짐을 지니고 있는지 알아볼 수 있을 것입니다.

꿈의 강도 평가하기

암울하고 우울한 미래의 비전을 가진 사람일수록 멘토를 필요로 할 수 있습니다. 긍정적인 사람 혹은 동기화되는 정도가 균일하지 못한 사람 또한 멘티로서 적합합니다. 또한 활기와 활력이 넘치고 충분히 동기화된 사람은 멘토가 필요하지 않을 것 같지만, 팀을 구성하는 데는 그런 사람이 필요합니다.

멘티를 찾을 때 그들이 가진 꿈의 강도를 평가하는 데 다음의 표를 참고하세요. 멘티 후보자의 꿈과 자신감 정도, 기회, 미래에 대한 자세를 어떻게 분류하면 좋을지 도움을 줄 것입니다.

꿈의 강도			
꿈	자신감	기회	미래
• 꿈의 부재 • 혼란스러운 꿈 • 비현실적인 꿈	낮음	없음	• 음울한 • 우울한 • 낙담한
• 소수의 꿈 • 낮은 단계의 꿈 • 비현실적인 꿈	중간	소소하게 있음	• 긍정적인 • 평균적인 • 감정상 기복이 있는
• 분명한 꿈 • 원대한 꿈 • 현실적인 꿈	높음	많음	• 흥분된 • 활력 있는 • 동기화된

개별적으로 멘티를 지도하거나 혹은 팀 전체 모임을 통해 가르칠 때는 그들에게 계속해서 꿈을 자극하는 질문을 던져야 합니다. 때때로 하루쯤은 멘티와 함께 야외로 나가 머릿속을 환기시키는 시간을 가지세요. 휴식은 오롯이 마음에 집중해 나의 상태를 정확히 이해하고 반영할 여유를 가져다줍니다.

멘티에게 질문을 던질 때는 다음의 사항을 고려하세요.

1. 이 책 혹은 과거에 경험한 일 가운데 꿈에 대한 열정을 북돋기 좋을 질문 10개 선정하기.

2. 팀의 목표에 적합한 표현 선택하기.

3. 질문지를 이용한다면, 질문 아래 멘티가 답을 적을 수 있도록 여백 남기기.

4. 야외로 나가 여유 시간을 가지려고 한다면, 휴식을 하며 천천히 생각할 수 있도록 미리 질문을 던지기.

심도 있는 질문을 하고 싶겠지만 지나치게 내면을 성찰해야 하는 질문은 삼가는 편이 좋습니다. 아직은 그럴 단계가 아닙니다. 점차 서로를 지지하는 열린 분위기가 조성되면 멘티는 자연스레 마음을 터놓고 생각을 공유하려 할 것이고, 또한 솔직하게 이야기하는 법과 다른 사람의 이야기를 경청하는 법을 배울 것입니다.

마음 탐구

1. 멘티에게 10가지 마음 읽기 질문을 던지면 어떤 변화가 일어날까요?

2. 멘티의 꿈의 강도를 평가할 수 있는 방법은 무엇이 있을까요?

3. 꿈을 위한 휴식 여행을 계획한다면 장소는 어디가 좋을까요? 세부적으로 어떤 계획을 세워야 멘티가 큰 꿈을 꾸는 데 도움이 될까요?

핵심 가치를 바탕으로 팀 만들기

*가치를 바탕으로 하는 리더는 고결함을 갖추고,
미래 비전에 열정을 가지며, 팀원으로 하여금 비전을 향해
나아가게 만들고 그 안에서 위대함을 키워나가는 사람이다*
—윌리엄 C. 웰던

당신의 원대한 꿈에 활력을 불어넣어주는 핵심 가치에 대해 멘티는 잘 숙지하고 있는가?

사람들은 자신에게 중요한 가치를 토대로 결정을 내립니다. 마틴 루터 킹의 꿈은 전 세계적으로 공통되는 가치를 바탕에 두었기에 국가나 지역의 경계 없이 많은 사람을 감화시켰습니다.

핵심 가치란 개인이나 조직에 있어 가장 중요한 위치에 자리하는 원칙이자 기준 혹은 필수라 여겨지는 특성을 말합니다. 핵심 가치가 없는 팀은 이내 활기를 잃고 보수적이고 관료적인 형태로 퇴보하게 될 것입니다. 실천력이 높은 팀은 꿈만 공유하는 것이 아니라 가치도 함께 공유하기에 가능합니다.

견고한 기초 세우기

역경의 바람이나 좌절의 비바람, 치열한 경쟁의 폭풍에 맞서 쓰러지지 않을 만큼 견고한 기초를 세우려면 어떻게 해야 할까요? 과정은 간단하지만 그 의미는 매우 심오합니다.

- 사업에 있어 필수라고 여겨지는 가치 명확히 하기
- 공유하고자 하는 가치에 대해 멘티들과 의견 합치기
- 공유한 가치에 대해 조직적으로 초점 맞추기

대기업은 홈페이지에 회사의 핵심 가치를 게시합니다. 사무용품 업체인 오피스디포는 성실, 개혁, 포용, 고객 중심, 책임감을 핵심 가치로 내세우고 있습니다. 서비스마스터는 오피스디포의 성공 열쇠로 기업의 핵심 가치를 꼽았습니다. 어째서일까요?

가치는 끊임없는 결정의 순간에 개념적 지침을 정해줍니다. 가치는 회사로 하여금 정체성을 파악하고, 홍보하는 데 도움을 줍니다. 이렇게 기초가 잡힌 가치는 실천으로써 증명해 보이기를 바라는 조직 문화를 정착시킵니다.

멘티에게 핵심 가치 가르치기

멘티에게 핵심 가치를 토대로 꿈을 설계하도록 할 때 다음의 기초적인 4단계를 참조하세요.

팀의 핵심이 되는 가치 즉, 내적으로 중요하고, 멘티가 결코 잊지 않았으면 하는, 결코 타협할 수 없는 핵심 가치를 5가지 꼽는다면 무엇을 내세우겠습니까?

분명하고 구체적으로 '팀의 핵심 가치 5가지' 목록을 만들어 보세요. 그다음 그것을 멘티들과 의논하고, 그중 가장 많은 동의를 얻은 가치는 무엇인지 순위를 매기는 것도 좋습니다.

사업체를 운영하는 제니스는 강력한 경영 팀을 구성하고자 했습니다. 우선 팀에 가장 우선하는 핵심 가치를 정하는 문제에 부닥쳤습니다. 자신의 꿈에 활력을 불어넣고, 팀원과도 공유할 수 있는 가치를 찾아야 했기 때문입니다. 그렇지만 일단 '가치 찾기'를 시작한 그녀는 점차 이 일을 무척 즐기게 되었습니다. 제니스가 작성한 '가치 목록'을 소개합니다.

- 꿈의 건설
- 희망의 나눔
- 삶의 고결함
- 가르침
- 수익

2. 팀원에게 효율적으로 핵심 가치를 가르칠 수 있는 방법 연습하기

팀에 핵심이 되는 5가지 가치를 정했다면, 팀원에게 발표하기

전에 먼저 그들로부터 어떤 반응이 나올지 고려해 보세요. 이같은 질문을 받을 수도 있습니다.

"그 가치는 별로 중요하지 않은 것 같은데요."

회의적 관점 혹은 신입 팀원의 입장이 되어 '5가지 핵심 가치'에 대해 생각하고 그 가치가 왜 중요한지, 그 이유가 충분히 납득되는지 헤아려야 합니다. 만약 문젯거리가 있다면 5가지 가치에 대해 다시 한번 깊이 재고하고, 계속해서 다른 사람과 생각을 나누는 시간이 필요합니다.

3. 팀에게 핵심 가치 전하기

팀의 핵심 가치를 이해하지 못하거나, 의심하거나, 혼란스러워하는 몇몇 팀원이 나올 수 있습니다. 아무리 설명해도 공감하지 못하고, 심지어 팀을 이탈할 수도 있습니다.

팀의 기초가 되는 핵심 가치를 정하는 데 가장 중요한 점은 팀원 모두가 100퍼센트 동의하는 것입니다. 로리 베스 존스는 저서에서, 팀원에게 낚시하는 법을 가르쳐야 한다고 말합니다. 팀의 역할은 '팀원을 분열 없이 하나로 모으는 것'[*]입니다. 만약 핵심 가치에 공감하지 않는 팀원이 있다면 그로 인해 갈등이 발생하고, 오해와 분쟁이 일어날 가능성이 높습니

---

[*] Laurie Beth Jones, 《Teach Your Team to Fish》(New York: Three Rivers Press), 2002.

다. 때에 따라서는 몇몇의 탈락 인원이 생길 수 있음을 감수
해야 합니다.

또한 리더의 동기를 오해하고 팀원이 의욕을 잃는다거나,
팀 자체의 추동력이 사그라질 수도 있습니다. 따라서 팀의 핵
심 가치는 리더가 몸소 실천해 팀원에게 보일 수 있는 것이어
야 합니다. 리더가 실생활에서도 팀의 핵심 가치를 실천해 보
인다면 팀원은 리더를 신뢰할 것이며, 리더와 팀원 사이에 강
한 연대감이 성립할 것입니다.

4. 핵심 가치를 팀의 실천으로 연결시킬 수 있는 열쇠는 바로 그 과정에 있
   다. 순서표를 만들어라.

팀에 있어 기초가 되는 과정이 무엇인지 파악해야 합니다. 팀
원이 꼭 알아야 할 기초적인 지식을 가르치기 위해 몇 번이고
반복하는 일에는 무엇이 있나요? 어떤 조직에 있어 기초 과정
은 전망하기, 접촉하기, 가르치기, 판매하기, 결산하기, 서비
스 제공 등이 될 수 있습니다.

팀원은 자신이 믿고 있는 가치와, 팀의 성공을 위해 반드시
해야 하는 행동 간의 관계를 분명히 파악하고 있어야 합니다.
리더는 팀원에게 이렇게 말할 수 있습니다.

"당신이 믿고 있는 가치를 더욱 발전시키는 데 가장 효과적
인 과정을 알려드리겠습니다."

팀의 가치라는 기반의 중심에 꿈을 두고 팀원이 서로 단결할 때, 자신감을 가지고 문제를 이겨낼 때, 더욱 큰 무언가를 향해 도전할 때 그 팀은 성공을 위한 추진력을 발휘할 수 있습니다.

하지만 단기간에 성공하리라고 단정해서는 안 됩니다. 아무 재능도 능력도 경험도 없는 이들이 모여서 단지 같은 꿈을 꾸고 있는 것만으로 에너지가 만들어지고, 그 에너지를 끌어모아 몇 주간 훈련하면 곧바로 최강 팀이 되리라 믿는 것은 큰 오산입니다. 어떤 분야든 드림팀이 만들어지기까지는 대개 몇 년의 시간이 걸립니다. 하루빨리 성공을 이루려고 하기보다 팀의 핵심 가치를 토대로 계속해서 발전해 나가는 것이 중요합니다.

마음 탐구

1. 다른 조직의 핵심 가치 중에서 당신의 팀에 도입할 만한 가치가 있는지 찾아보세요.

2. 당신이 눈여겨보는 최강의 드림팀이 있다면, 그 팀의 성공 요인은 무엇이라고 생각하나요?

3. 팀의 핵심 가치를 팀원에게 어떻게 가르치면 좋을까요?

큰 그림을 그릴 수 있도록 도와주기

두 남자가 같은 창살 너머를 바라보는데
한 명은 진흙을 보고, 한 명은 별을 본다
─미국 속담

삶을 바라보는 데 있어 주가 되는 관점은 무엇인가?

대부분의 사람은 자신의 삶에서 흙먼지밖에 보지 못합니다. 잔혹하지만 사실입니다. 숙인 머리에 무거운 가슴, 영혼 역시 명료하지 못합니다. 틀에 박힌 현재의 일상만큼이나 과거의 실수에 사로잡혀 정신적 단조로움에 빠진 채 그것을 어떻게 탈피해야 하는지 알지 못합니다.

　당신 역시 이러한 '구속의 시절'을 경험했을 수 있습니다. 솔

• Dexter R. Yager Sr., 《Don't Let Anybody Steal Your Dream》(Charlotte, North Carolina: Internet Services Corporation), 1978에서 인용.

직히 거의 모든 사람이 한 번쯤 겪는 일입니다. 우리는 어려운 재정 혹은 희망이 보이지 않는 인간관계에서의 좌절을 극복해야 합니다. 모든 상황에 있어 핵심 질문은 "비전은 무엇인가?"입니다. 지금 당신은 진흙탕을 보고 있습니까, 별을 보고 있습니까?

큰 그림을 그린다는 것은 열성적으로 빛나는 별을 찾는 것을 의미합니다. 힘들고 어려운 매일의 일상 저 밖에는 마음껏 취할 수 있는 넓고 아름다운 세계가 펼쳐져 있습니다. 팀원으로 하여금 큰 그림을 볼 수 있도록 도우려면 그들에게 꿈을 관망할 수 있는 세 가지 관점을 가르쳐야 합니다.

- ▸ 꿈을 이루기까지 소요될 시간의 길이
- ▸ 꿈이 포용할 수 있는 범위의 넓이
- ▸ 꿈이 다른 사람들의 삶에 미치는 영향의 깊이

길이: 꿈의 장기 계획

꿈을 이루기까지 소요될 시간의 길이에 대한 큰 그림을 염두에 두지 않는다면, 그것은 마치 낭떠러지에 간신히 서서 곧 다가올 불도저를 기다리는 것과 같습니다. 쉽게 압박을 느끼고, 좌절하며, 쓰러지게 될 것입니다. 그렇게 되면 하루하루, 근근이 계절이 가는 줄도 모르게 인생을 허비하게 됩니다.

다음의 진실들로 스스로를 해방시켜 보세요.

•▸ 꿈을 이루는 데는 종종 10년이 넘게 걸리기도 한다.

•▸ 인내가 미덕이다.

큰 꿈일수록 실현하는 데 시간이 오래 걸립니다. 계속 시간의 관점을 유지하며 팀원이 장기간의 꿈을 실현하도록 독려하세요.

1년

시간적 압박을 느끼는 이유 중 하나는 바로 기록의 부재 때문입니다. 무엇을 실행할지에 대한 계획을 한 번도 기록하지 않았다면 비현실적으로 높은 기준을 세우게 됩니다. 모험을 감행하고자 한다면 우선 현실적인 기준을 정하고 그것부터 실현해야 합니다. 만약 일이 틀어진다면 그 원인을 분석하고 시간 틀을 다시 짠 다음 우선순위를 정리하세요. 성공할 때까지 이 과정을 반복하다 보면, 언젠가는 목적을 이룰 것이고 그 성공으로 힘을 얻을 것입니다. 또한 2년째 되는 해에는 꿈을 위해 우선순위를 확장할 수 있게 될 것입니다. 일반적으로, 1년 안에 달성하길 희망하는 꿈을 위해 2년의 시간을 투자한다면 좀 더 현실적으로 꿈에 접근할 수 있습니다.

4년

꿈을 좇는 모험에 돌입한 첫날부터 당신은 시간의 틀이 짜여진 여행을 시작하는 것입니다. '제대로 방향을 잡아간다'는 느낌이 들기까지 대략 4년의 시간이 걸리고, '순조롭게 진행 중'

이라는 증거를 눈으로 보는 데는 더 오랜 시간이 걸립니다.

처음 1년은 오리엔테이션의 해입니다. 이 시기에는 꿈을 좇는 데 중요한 요소가 무엇인지, 중요한 사람들은 누구인지, 어떤 장해물을 만나게 될지 파악합니다.

2년째는 실험적인 해입니다. 해결책이라고 생각되는 방법을 시험해 보고, 효과적이라고 생각되는 일을 시도해 본 뒤 결과가 좋지 않으면 수정하고 다시 시도하는 시기입니다. 여기서 주의할 점은, 시도 초기에 종종 '결코 방법을 완성하지 못할 것'이라는 좌절에 빠질 수 있다는 점입니다.

3년째는 혁신의 해입니다. 평소 계획하고 꿈꾸던 것보다 원활하게 진행되는 부분이 있는가 하면 반대로 지지부진한 일도 있고, 그만 중단해야겠다는 판단이 설 수도 있습니다.

4년째 해는 내가 얼마만큼 성공할 수 있을지 객관적인 평가를 내리는 시기입니다. 지금 나는 무엇을 알고, 앞으로 계속 나아갈 준비가 되었는지 스스로 판단하는 것입니다.

어째서 이러한 시간 흐름을 통과해야 하느냐고 묻는다면 답은 "나도 모르겠다"입니다. 성공한 많은 이들과 이야기를 나눠본 결과 그들도 이 이론에 동의했습니다.

5년

발전하기 위해서는 보통 시간과 에너지와 돈이 잘 어우러져야 합니다. 돈이 충분하다면 시간은 적게 걸릴 것이고, 에너지

나 사람 혹은 관련 인력이 부족하다면 보다 많은 시간이 소요
될 것입니다. 즉, 꿈의 자원에 한계가 있다면 계획한 것보다
많은 시간이 필요하게 됩니다.

진전은 직선으로만 뻗어가는 것이 아닙니다. 어떤 분야든
결과가 직선으로만 상승하지는 않습니다. 처음의 1년 혹은
2~3년은 천천히 진행되다가 차츰 속도가 붙습니다. 그리고 5
년째가 되어 지난날을 돌아보게 되면, 처음 시작할 때 상상한
것보다 더 많은 결과를 이루었음을 깨달을 것입니다.

10년

최고의 것을 보고, 최고의 기분을 느끼며, 그 어느 때보다 큰
영향력을 발휘하는 때를 상상하며 매년 생일마다 1년씩 앞서
나가려고 한다면 40대가 되었을 때 50대를 준비할 수 있게 되
고, 50대가 되었을 때 60대를 준비할 수 있게 됩니다.

10년 단위의 시간 짜임으로 사는 사람은 일생을 배우고 성
장하는 자세로 임합니다. 정점을 과거에 남겨두기보다 계속해
서 미래의 비전을 그리는 삶을 이어나갑니다.

영원

언젠가는 인생 여정의 끝이 오고, 더는 남은 시간이 없음을
알게 됩니다. 지금 우리가 느끼는 압박과 한계는 언젠가 처음
부터 존재하지 않았던 것처럼 모조리 사라질 것입니다.

폴은 지도 교수로부터 죽을 때까지 잊지 못할 하나의 모토를 들었습니다. 'sub specie infinitas. 영원의 관점으로 인생을 살아라.' 우리는 이 말로부터 지구 상에서 사람이 느끼는 시간의 압박을 영원의 관점에서 바라보는 법을 배웠습니다.

당신 혹은 팀원이 시간에 구속받고 있다고 느낀다면, 다음의 질문을 던져보세요.

• 꿈을 더욱 효율적으로 성취하려면 무엇을 멈춰야 하고, 무엇을 지연시켜야 할까?

• 돈과 인력이 추가된다면 소요 시간을 줄일 수 있을까?

• 더 광범위한 시간 범위를 보고자 한다면, 팀원에게 어떤 통찰력을 주어야 할까?

넓이: 글로벌하게 꿈꾸기

3가지 관점 중 두 번째로 고려해야 할 것은 꿈의 넓이입니다. 지금의 꿈은 오직 나만을 포괄하고 있나요? 아니면 내가 사는 도시 혹은 나라, 더 나아가 전 세계를 포함하고 있나요?

마이크 다우니는 '글로벌 미션 펠로우십'의 창립자입니다. 그는 미래에 대해 긍정적이고 에너지가 넘치며, 집중력 있고 유쾌한 사람입니다. 그는 수많은 사람을 모았고, 한 해에 수백만 달러의 기금을 조성해 GMF를 전 세계적으로 수천 명의 회원을 거느린 대규모 단체로 거듭나게 했습니다.

마이크에게 물어보았습니다.

"어떻게 그토록 분명하게 마음에 꿈을 새길 수 있었습니까?"

그는 이렇게 대답했습니다.

"내 자신에 대한 생각에서 벗어나 하루를, 한 달을 내내 꿈만 좇았습니다. 꿈을 향해 나아갈 수 있는 다음 단계를 계획하며 그 불씨가 꺼지지 않도록 계속 부채질을 했지요. 내 마음속 꿈을 좀 더 현실적으로 각인시킬 방법이 있다면 뭐든 실천했습니다."

깊이: 적응하며 꿈꾸기

3가지 관점 중 세 번째로 고려해야 할 것은 인간관계에 대해 팀원이 인식하고 있는 깊이입니다. 그들의 개별적 꿈과 팀과 공유한 꿈은 여타 다른 사람에게 어떤 영향을 미칠까요?

오늘날 미국의 현실을 알고 있습니까?

- 6세 이하의 아이가 있는 엄마 5명 중 3명은 생계를 위해 돈을 벌어야 한다고 느낀다.

- 취학 아동의 3분의 2가 외벌이 가정에서 자라난다.

- 성인 20명에 1명은 문맹이다.

전 세계에서 도움의 손길을 구한다는 사실을 알고 있습니까?

- 매일 600만 명의 아이 심지어 그보다 더 많은 수의 성인이 불필요하게 죽어간다.
- 충분히 예방 가능한 질병으로 매일 5,500명의 아기가 목숨을 잃는다.
- 매일 밤 10억 명의 아이가 굶주린 채 잠자리에 든다.
- 오늘날 읽고 쓰지 못하는 성인이 10억 명에 달한다.

타임지에 실린 '어떻게 생명을 살릴 것인가'라는 글에서, 보노는 이렇게 말했습니다.

"거대한 숫자라 실감할지 모르겠으나 매일 5,000명의 사람이 결핵으로 죽어가고, 매해 100만 명의 사람이 말라리아로 목숨을 잃는다. 이 통계 뒤에 자리한 사람들은 누군가의 딸이자 아들이며, 누군가의 어머니요 아버지요 누나요 동생이다. 모든 생명을 살릴 수는 없지만, 우리가 단 하나의 생명이라도 살릴 수 있다면 기꺼이 살려야 할 것이다."*

---

* 〈Time〉, 2005년 11월 7일, 134.

이러한 수많은 어려움을 어떻게 극복할 수 있을까요? 팀원에게 사람의 생명을 살리는 꿈을 좇으라고 가르친다면 그들은 무엇을 할 수 있을까요? 한 사람이 생명을 구원받는 데 얼마의 물적 가치를 매길 수 있을까요?

우리의 아이들, 그들의 아이들, 전 세계의 아이들에게 관심과 노력과 열정을 기울이지 않는다면 그건 곧 어려움에 굴복하는 것입니다. 우리는 지금의 자리에서 조금씩 움직여 나아가야 합니다.

노먼 커즌스는 이런 말을 남겼습니다.

"우리에게 삶의 선물과 특별함이 주어졌다고 믿는다면, 자유와 성장 및 변화의 기적을 이룰 자신감이 생긴다면 난관은 곧 그 힘을 잃을 것이다."[*]

사업가 팸 윈터스는 〈우리는 어디로 향하고 있는가〉라는 강연에서 사람들의 꿈이 생명을 살리는 일에 기여한다면 미래가 어떻게 달라질지에 대해 열정적으로 강연했습니다. 그녀의 강연을 들은 수천 명의 사업가는 큰 감동을 받았습니다.

"우리는 아직 끝나지 않았습니다. 가야 할 길이 멉니다. 지금

---

[*] Norman Cousins, 《Human Options》(New York: W.W.Norton & Company, 1981), 51.

막 시작했을 뿐입니다. 우리는 봅니다. 수백, 수천 만 명의 삶이 더 좋게 바뀌는 것을, 집을 나갔던 엄마가 아이들 품으로 돌아오는 모습을. 바로 이런 것이 우리가 원하는 바라면 즉, 결혼의 유대가 더욱 돈독해지고, 한 사람이 바뀌는 것으로 곧 나라가 변화한다면 우리는 우리의 팀이 정말 자랑스러울 것입니다."[•]

당신은 어떤 그림을 보고 있습니까?

당신의 팀원은 어떤 그림을 보고 있습니까?

마음 탐구

1. 내 꿈을 세 가지 관점으로 설명해보자.

시간의 길이는?

영향력의 넓이는?

개인적 영향력의 깊이는?

2. 팀원이 꿈에 조금 더 광범위하고 다각적으로 접근하게 된다면 어떤 실질적인 차이가 발생하겠는가?

[•] Pam Winters, 〈Where We're Going〉.

실패를 극복하는 법 가르치기

실패는 성공으로 향하는 길을 알려주는 이정표다
--C.S. 루이스

당신이 멈추지 않는 이상 실패는 끝이 아니다

실패는 우리의 여정에 있어 이정표일 뿐입니다. 아직 목적지에 닿지 않았음을, 아직 가야 할 길이 남아 있음을 알려줍니다. 실패는 말합니다.

"일어나! 이쪽이야, 이쪽! 계속 가야 해!"

> 세공 과정 없이는
> 다이아몬드가 빛날 수 없듯
> 사람도 여러 번의 시도 없이는
> 완벽해질 수 없다.
> -중국 속담

우리는 매일같이 실패의 위험이 있는 중대한 결정에 직면합니다. 정신적으로 잘 무장되어 있지 않으면 즉, 마음이 물렁물렁하고, 이런저런 생각에 휘둘리고,

이성이 힘을 잃게 되면 꿈뿐 아니라 건강까지 잃을 수 있습니다. 우리는 언제든 삶에 위태로운 시기가 닥칠 수 있음을 알고 이에 대비한 훈련이 필요합니다.

이번 장에서는 위험에 직면했을 때 물러서거나 좌절하지 않도록 강한 정신력을 키우는 4가지 방법을 알리고자 합니다.

실패를 토대로 성공하기

성공한 기업가인 존 크로우는 어느 날 강도를 만나 총상을 입고 하마터면 목숨을 잃을 뻔했습니다. 그는 끔찍한 사고를 당했지만 가족과 수많은 친구의 사랑과 기도로 삶을 이어갈 수 있었습니다. 반대로 존은 두려움에 사로잡혀 기존에 추구하던 목표를 잃고 삶을 포기할 수도 있었습니다. 그렇지만 그는 알고 있었습니다. '성공은 실패를 토대로 완성된다'●는 것을.

실패를 경험했지만, 결국 성공을 거둔 사람이 많이 있습니다.

- 에이브러햄 링컨은 블랙 호크 전쟁에 장교로 참전했지만, 전쟁이 끝날 무렵 사병으로 강등당했다.
- 토머스 에디슨은 어린 시절 선생님으로부터 머리가 나빠

● John Crowe, 〈Two Windows〉.

아무것도 배울 수 없을 거라는 말을 들었다.

- •▸《전쟁과 평화》의 저자 톨스토이는 대학에서 제적당했다.
- •▸ 베이브 루스는 어린 시절 고아원에서 자랐고, 야구 선수로 활동하며 명예의 전당에 오르기까지 1,330번 아웃당했다.
- •▸ 엘비스 프레슬리는 한 가수로부터 "넌 절대 성공하지 못할 거야"라는 말을 들은 뒤 출연하던 행사에서 쫓겨났다.
- •▸ 마이클 조던은 고등학교 농구 팀에서 쫓겨났다.
- •▸ 오프라 윈프리는 TV 프로그램 리포터에서 해고되면서 "당신은 절대 텔레비전과 맞지 않는다"는 이야기를 들었다.

무엇이 이 유명한 실패자들을 계속 앞으로 나아가게 했을까요? 이들의 이력을 살펴보면 하나의 공통점을 찾을 수 있습니다. 절대 멈추지 않았다는 사실입니다. 이들은 접근법을 달리해 자신의 기술을 발전시켰고, 새로 얻은 지식과 경험을 발판으로 또다시 도전했습니다. 실패로부터 새롭게 배워나간 것입니다.

대개 사람은 실패 자체에 큰 충격을 받습니다. 전혀 예상하지 못한 일을 맞았기 때문입니다. 그럼으로써 실패를 적으로 여기며, 스승이라고는 생각하지 못합니다. 실패에 대한 거부감으로 인해 실패한 순간 자기방어적이 되고, 우울해지고, 수동적이 되며 심지어는 자신이 실패했음을 부정하기도 합니다.

실패로부터 배움을 구하기 위해서는 언제든 실패할 수 있다는 사실을 인지하고, 실패로부터 한층 발전하리라는 것을 예상해야 합니다. 그러려면 약간의 수정과 약간의 시간과 더불어 크나큰 인내가 필요합니다. 나의 지식이 완전하지 못해 경쟁력을 갖추지 못한 건 아닌지 되돌아보고, 언젠가는 위기의 때가 올 것이고 또다시 악몽과 같은 상황이 발생할 수 있음을 염두에 두어야 합니다. 만약 실패를 겪는다 하더라도 다시 성공을 향해 도약할 수 있는 마음의 준비를 게을리해서는 안 됩니다.

실패에서 배우기

세상 모든 사람이 나의 실패를 비웃을지 모른다는 생각에 우울할지라도 당당히 고개를 들고 일어나야 합니다.

삶에 있어 가장 큰 실패는 무엇일까요? 회사에서 해고당했을 때, 경력에 치명타를 입었을 때, 신용을 잃었을 때, 큰돈을 잃었을 때 등 다양합니다.

실패에서 비롯한 부정적 감정을 정리하고 다시 성공을 향해 나아가려면 어떻게 해야 할까요? 실패를 경험한 팀원이 자신의 실패를 객관적으로 평가하고 그로부터 깨달음을 얻도록 하려면 그에게 어떤 도움을 주어야 할까요? 다음의 질문을 참고하세요.

1. 실패한 이유는 다른 사람 때문이었나, 나의 상황 때문이었나 아니면 나 자신 때문이었나?

나로 인해 실패한 것이라면, 스스로에게 이렇게 말해보세요. "괜찮아. 내가 이번 경험을 통해 뭘 배웠지? 앞으로 같은 실패를 반복하지 않으려면 어떻게 해야 할까? 이 과정에서 내가 반드시 화해해야 하는 사람이 있다면, 누구일까?"

> 승자가 될 수 있는 방법이 수없이 많다는 데 의심의 여지가 없다. 하지만 실패자가 되는 데는 딱 한 가지 방법이 있는데, 그건 바로 실패하고도 그것을 미래를 위한 발판으로 삼지 않는 것이다.
> —카일 로트 주니어

2. 정말 실패한 것인가 아니면 애초에 비현실적으로 목표가 높았던 것인가?

목표에 도달하지 못했다면 방법을 재조정하고, 목표를 수정한 뒤 다시 시작할 수 있습니다. 자신에게 적합한, 좀 더 현실적인 기준을 세워야 합니다.

3. 나는 언제 성공했고, 언제 실패했는가?

실패를 되돌아보며 더불어 언제 성공했다고 느꼈는지 목록을 작성해 보세요.

4. 실패에서 가르침을 얻었는가?

실패를 토대로 어떤 가르침이나 깨달음을 얻었습니까?

5. 실패에 대한 죄책감에서 벗어났나?

실패가 도덕적 잘못에서 비롯된 것이라면 다른 사람에게 당신을 용서해 달라고 부탁해 보았나요? 그럼으로써 죄책감이 어느 정도 덜어질 수 있다면 다음의 말이 최고의 치료법이 될 것입니다.

"내가 잘못한 부분을 용서해 주겠습니까?"

6. 어떻게 하면 실패를 성공으로 돌릴 수 있을까?

어제의 실패가 내일의 성공에 보탬이 될 수 있을까요? 나른 사람과 함께 공유하면 좋을 깨달음에는 어떤 것이 있을까요?

7. 지금 이곳에서 어느 방향으로 나아가야 할까?

현재 계획은 무엇입니까? 언제쯤 어떻게 실행할 것인가요?

정신적으로 강인해지기

강인한 정신력을 증명할 수 있는가?

에이브러햄 링컨은 강도 높은 비판 속에서도 흔들리지 않는 강인함이 있었습니다.

"나는 내가 아는 한 최선을 다하고, 할 수 있는 한 최선을 다하며, 끝까지 포기하지 않고 전진하는 방법을 잘 알고 있습니다. 정당한 결과가 기다리고 있다면 나를 비난하는 수많은 말들은 상관없습니다. 하지만 결과가 옳지 못하다면 천사가 내려와 내가 옳다 한들 소용없을 것입니다."

강인한 정신력을 가진 사람은 다른 사람의 기분에 휘둘리지 않고, 무언가를 선택하는 데 있어서도 다른 이의 판단이나 비판에 영향받지 않습니다.

자신감은 예측성에서 비롯됩니다. 예측성은 지금 하는 일을 얼마만큼 알고 있는가에 달려 있습니다. 즉, 자신의 일에 대한 깊은 지식을 갖췄다면 그 어떤 반대 의견에도 당당하게 대적하며, 쉽게 굴복하지 않습니다. 회의론자들 앞에서도 자신감을 갖고 자신의 일을, 자신의 꿈을 소개할 수 있습니다. 아직 이 정도 단계에 도달하지 못했더라도 지금부터 공부하고 연습을 거듭하다 보면 그 지식은 자신의 것이 됩니다.

강인한 정신력을 보여준 또 한 사람으로, 시어도어 루스벨트 대통령이 있습니다.

"삶이란 전투에서는, '권위 있는 사람은 추락하기 마련이다' 또는 '그 훌륭한 사람이 이렇게 했으면 더 좋았을걸' 하고 비판하는 사람은 필요 없습니다. 실제 현장에서 먼지를 뒤집어쓰고 피땀을 흘리며 거듭되는 실수와 실패에도 굴하지 않는 사람에게 공이 돌아가야 합니다. 승리도 패배도 없는 잿빛 세상에서 충분히 즐기지도 않고, 완전히 좌절하지도 않은 채 그저 그런 정신으로 살아가는 사람보다는 실패에 넘어졌음에도 영광스러운 승리를 손에 쥔 이들이 더욱 위대합니다."

당신의 마음을 쇄신했는가?

우리는 대중매체의 부정적인 메시지에 끊임없이 노출됩니다. 그런 중에도 강인함을 지키고 긍정적 관망을 잃지 않으려면 마음을 쇄신할 수 있는 나름의 방법이 필요합니다. 매일 독서를 한다든지, 조용히 명상의 시간을 갖는 것도 좋습니다. 나를 감정적으로 응원하고, 마음속 안개를 걷어내며, 창의적 생각을 고무시킬 수 있는 적합한 무언가를 찾아보세요.

마음 탐구

1. 지난 6개월간 당신이 개인적으로 경험한 가장 큰 실패는 무엇인가요? 그 실패로부터 무엇을 배웠나요?

2. 당신의 팀에 있어 경험한 실패는 무엇인가요? 당신과 팀원들은 그 실패로부터 무엇을 배웠나요?

3. 당신 개인 혹은 팀에게 여전히 부정적인 영향을 미치고 있는 실패는 무엇인가요? 재기를 위해서는 어떤 행동을 취해야 할까요?

4. 강인한 정신력을 기르기 위해시는 어떻게 해야 할까요?

경쟁력 있는 강점 만들기

챔피언은 체육관에서 만들어지지 않는다. 챔피언은 그들의
마음 깊은 곳에 자리한 욕망, 꿈, 비전을 토대로 만들어진다
—무하마드 알리

**아이디어 혹은 상품을 판매하는 일을 한다면, 그 사람은 챔피언의 강점을 지
니고 있다고 할 수 있는가?**

당신의 꿈에 대한 열망은 그 어떤 경쟁자도 물리치고, 먼 길을
마다치 않으며, 고통을 인내하고, 강점을 하나하나 갖춰나가 결
국 꿈을 성취할 정도로 강렬한가요? 아직 그 정도가 아니라면
이번 장이 도움이 될 것입니다.

다음의 4가지 핵심 요소에 있어 경쟁력 있는 강점을 찾아 보세
요.

나를 판매하기

브랜드, 상품, 서비스 등을 판매하기에 앞서 나 자신을 판매할 줄 알아야 합니다. 다음의 질문에 마음을 다해 답해 보세요.

- 내가 지금 일하고 있는 가장 주요한 이유는?
- 어째서 나의 상품과 서비스가 우수한 가치를 지니고 있다?
- 다른 이로 하여금 어떤 이유로 상품을 구매하게 할까?
- 회사에 있는 것이 내 꿈을 깨닫는 데 도움이 된다?

팀을 판매하기

팀원을 선정할 때 가장 우선적으로 던져야 할 질문입니다.

- 당신의 꿈은 무엇인가?
- 꿈을 향하는 과정에서 현 진행 상황에 얼만큼 만족하는가?
- 이 조직이 당신이 꿈에 더 빨리 도달할 수 있게끔 어떤 도움을 줄 수 있다고 생각하는가?

지원자의 꿈에 초점을 맞춰야 합니다. 각각의 팀원에게 꿈이 있다는 것을 잊어버리는 순간, 리더는 팀원이 개인적인 성취를 이루고 만족스러운 이력을 쌓을 수 있도록 고무시키는 능력을 잃게 됩니다.

지금 막 사업을 시작했거나, 꿈의 실현을 위해 회사 또는 조직에 들어갔다고 가정해 보세요. 그리고 지금 한 고객이 자신의 꿈에 도움을 구하고자 찾아왔습니다. 자, 다음의 5가지 질문에 답해 보세요.

1. 고객은 누구인가?
2. 고객이 필요로 하는 것 혹은 꿈꾸는 것은 무엇인가?
3. 상품이 아니라면, 고객은 어떻게 필요를 충족할 것인가?
4. 이 상품은 고객이 꿈을 이루는 데 도움을 줄 수 있는가?
5. 내가 고객이라면, 그 가격에 상품을 구입하겠는가?

위의 질문을 염두에 두고, 실제 고객에게 다음과 같은 말로 확신을 준다면 당신은 판매에 성공할 것입니다.

"네, 저 역시 이 상품을 필요로 합니다."
"네, 저는 이 상품을 구입하는 데 기꺼이 돈을 쓰겠습니다."
"네, 이 상품이 제 꿈을 이루는 데 도움이 될 거라고 봅니다."
"네, 지금이 바로 이 상품을 구입할 적기입니다."
"네, 저라면 이 상품을 구입하겠습니다!"

다음의 표는, 고객이 구매를 결정하는 과정에 어디쯤 도달해 있는지 판단하는 데 도움이 될 것입니다.

		상상	욕망	자신감	꿈	타이밍	판매
판매원	**질문**	고객이 상품 혹은 서비스를 사용하는 모습을 상상할 수 있는가?	고객이 상품 혹은 서비스를 기꺼이 사용하기를 원힐까?	고객이 상품 혹은 서비스를 이용할 형편이 되는기?	상품 혹은 서비스가 고객이 필요한 걸 얻거나 꿈을 이루는 데 도읍이 되는가?	지금이 상품 혹은 서비스를 구입할 적기인가?	고객이 구매할 준비가 되었는가?
손님	**대답**	아니요, 상상이 되지 않습니다	즉각적인 거부	즉각적인 거부	아니요, 원하지 않습니다	적절하지 않습니다	아니요
		예, 상상이 됩니다	아니요, 사용하고 싶지 않습니다	아니요, 형편이 되지 않습니다	아니요, 필요하지 않습니다	지금은 아닙니다	아마 아닐 것입니다
		예	예, 고려해볼 만합니다	예, 가능합니다	예, 꿈으로 가는 계단 역할을 해줍니다	적절한 시기가 아닙니다	아마도 그럴 것입니다
		예, 상상할 수 있습니다	예, 사용하겠습니다	예, 능력이 충분합니다	예, 내 꿈과 완벽하게 맞습니다	예, 지금이 적기입니다	예, 구입 하겠습니다

결정 과정

상상+욕망+자신감+꿈+타이밍＝판매!

(이 중 하나라도 놓친다면 판매는 불가능하다!)

고객에게 상품을 권할 때는 나만이 갖춘 경쟁력 있는 강점을 심어주는 것이 중요합니다. 그러려면 먼저 판매하는 상품에 대해 공부해야 합니다. 또한 경쟁 업체는 어떻게 자사의 상품을 광고하는지 살피고, 그보다 훌륭하게 어필할 방법을 찾아야 합니다.

다음은, 강점을 드러낼 수 있는 8가지 주요 영역입니다.

- 꿈의 강점
- 편리함의 강점
- 감정적 강점
- 충실함의 강점
- 브랜드명 혹은 브랜드 이미지의 강점
- 가격 면에서의 강점
- 서비스 면에서의 강점
- 기술적 강점

다음의 표를 토대로, 고객의 마음속에 어떤 강점을 심어주면 좋을지 생각해 보세요. 8개의 강점을 보며 당신은 각 강점을 얼마나 지니고 있는지 상중하로 평가해 보세요. 또한 8개 강점의 중요도(100점 만점) 점수를 매겨 보세요. 가장 높은 점수를 받은 3개의 강점을 기억해 두세요. 그중 1위 항목을 제일 먼저 고려해야 하며, 2위 항목은 그다음으로 중요합니다.

경쟁력 있는 강점					
8가지 강점	각 강점의 예	판매, 홍보 초점	가치 평점	자사 우선 순위	경쟁사 우선 수위
1 편리함의 강점 (실체적)	• 인터넷 접근성 • 배달 옵션				
2 꿈의 강점 (비실체적)	• 아름다운 피부 • 젊은 외모 • 균형 잡힌 영양				
3 감정적 강점 (비실체적)	**고객의 필요** • 사랑 • 의미 • 감동 • 승인 • 감사 • 안전 • 존경 • 수긍				
4 충실함의 강점 (실체적)	• 국내산 • 개인적인 지지				
5 브랜드명/ 브랜드 이미지 강점(실체적)	• IBM • 오피스디포				
6 가격 강점 (실체적)	• 경쟁력 • 저렴한 가격 • 특별 세일				
7 서비스 강점 (실체적)	• 고객 서비스 수상 경력 • 만족도 보증				
8 기술적 강점 (실체적)	• 업데이트 지원 • 연구와 개발				

어느 분야에서든 상위 10위권에 자리하는 약 10퍼센트의 유명 세일즈맨들은 단순히 고객과 대화만 나누는 것이 아니라 마음 깊은 곳을 꿰뚫는 능력이 있습니다. 그들은 고객이 무엇을 필요로 하는지, 고객의 꿈이 무엇인지 알아보기 위한 질문을 던집니다. 반면 나머지 90퍼센트의 세일즈맨들은 상품 및 서비스의 기술적 우월성이나 편리함 혹은 브랜드 지지도만 내세웁니다.

고객과 대면했을 때, 다음의 3가지 질문을 기억하세요.

- 고객이 진심으로 원하는 것은 무엇인가?
- 왜 그것을 원하는가?
- 고객이 원하는 것을 얻는 데 있어 나의 상품 혹은 서비스가 어떤 도움을 줄 수 있을까?

잊지 마세요. 고객의 필요 혹은 꿈과 당신의 상품 간에 어떠한 연계성이 존재한다면 무엇이든 판매에 성공할 수 있습니다.

마음 탐구

1. 내 상품 혹은 서비스를 판매하는 데 어려움을 겪었던 고객이 있었나요? 그 사람을 염두에 두었을 때 위의 3가지 질문에 어떻게 답할 수 있을까요?

2. '경쟁력 있는 강점' 표를 토대로, 어떤 전략을 세울 수 있을까요?

꿈 북돋우기

둘이 하나보다 낫다. 둘은 금방 다시 회복할 수 있기 때문이다.
만약 하나가 넘어지면, 친구가 그를 일으켜줄 수 있다.

—전도서

팀원들의 이야기를 들어주는 것만으로도 그들에게는 격려가 된다. 꿈을 향해 나아가는 데 용기를 주어라. 설사 그들이 잘못하고 있다 해도 계속해서 응원을 아끼지 않으면 모든 일이 곧 바로잡힐 것이다. 삶에 있어 친구가 생길 것이다.

경청하기

이야기를 주의 깊게 들어줄 사람 10명을 꼽을 수 있는가?

나의 생각을 읽고, 나의 이야기에 공감하고, 나의 마음에 깃든 의심과 안개를 걷어내줄 수 있는 친구가 있다면 얼마나 좋을까요? 그렇지만 이러한 친구를 만들기란 쉽지 않은 일입니다. 이 같은 고민은 어제오늘의 일이 아닙니다.

다른 사람의 말을 귀담아들어주는 경청의 기술을 가진 사람을 알고 있습니까? 친구, 형제자매, 부모, 선생, 상담가나 성직자 등 나의 이야기에 귀 기울이는 상대와 대화를 하고 있노라면 그가 나에게 집중하고 있다는 느낌을 받게 됩니다. 그들이 주의 깊게 경청하고 있기에 나는 하나의 인격체로서 존중받고 있는 듯한 기분이 드는 것입니다. 이러한 대화를 통해 우리는 내가 무엇을 하고 싶은지 알게 되고, 용기를 얻습니다.

마찬가지로, 다른 사람의 이야기에 귀를 기울여주는 것은 상대에게 어떤 의미로 다가갈까요? 누구나 약간의 훈련을 통해 훌륭한 경청가가 될 수 있습니다.

경청가 되기

다음의 3가지 장벽이 경청가가 되는 데 장해가 됩니다.

스트레스 심리적 압박을 겪고 있다면, 이야기하고 있는 사람에게 주의를 집중하기 어렵습니다.

나르시시즘 나의 생각과 관심사에만 집중하는 자연적인 인간의 경향입니다.

뇌의 속도 인간은 1분에 약 200개의 단어를 말할 수 있지만 생각하는 속도는 그보다 4배 더 빠르다고 합니다. 누군가 나에게 이야기할 때 그 상황에서 받게 되는 모든 자극이 머릿속에 흡수됩니다.

각 장해는 경청가가 되기로 결심한 순간에 극복할 수 있습니다. 자신에게 주의가 산만한 경향이 있다면 그 문제부터 해결하는 것이 급선무입니다.

일단 대화 상대로 하여금 그의 이야기에 귀 기울이고 싶어 한다는 사실을 알리세요. 그리고 그에게만 집중할 수 있는 시간을 정하세요. 그 시간만큼은 그에게 집중하고 그 어떤 방해도 받지 않는다면 경청가로서 신뢰를 얻을 것입니다. 리더로서 팀원의 이야기에 귀를 기울인다면 작업 효율도 향상될 것입니다.

열린 질문 던지기

활발하게 질문을 던지고 주의 깊게 듣는다면 마음에 생동감이 넘칠 것입니다. 지금 어떤 이야기가 들리는지에 집중하고, 이해가 가능한 피드백을 제공하세요. 대화의 문을 활짝 여는 것입니다. 이러한 과정은 팀원으로 하여금 계속해서 생각하고, 그 생각을 통해 명확성을 얻게 합니다.

다음은, 대화의 문을 여는 열쇠가 되어줄 표현입니다.

"당신에 대해 말해 보세요."

"살면서 무슨 일을 겪었습니까?"

"더 이야기해 보세요."

"그래서 어떻게 되었나요?"

"이야기를 나눠 볼까요?"

"뭔가 생각하는 것이 있군요."

대화의 문을 여는 사람은 상대방의 말을 수용하려는 태도를 보여야 합니다. 즉 '당신은 내게 중요한 사람', '당신의 생각은 내게 매우 중요해요'라는 메시지를 전해야 합니다.

열린 질문을 통해 대화의 장을 연 다음 팀원이 보고 배울 수 있는 경청의 방식을 만들어 보세요.

당신이 "신에 대해 말해 보세요."라고 이야기하는 건 곧 상대방이 무엇을 이야기하든 당신에게 굉장히 중요한 이야기가 될 것이라는 인상을 전하게 된다. 상대방이 무엇을 걱정하는지, 무엇을 꿈꾸고 있는지, 무엇을 희망하고, 무엇을 두려워하는지 말이다. 그것은 아주 명쾌한 질문이다. 그 하나의 표현으로 다른 사람의 영혼을 활짝 열 수 있을 것이다. —댄 디보스 •

명확성을 위한 질문 던지기

열린 질문 던지기와 더불어 피드백 역시 경청의 중요한 기술입니다. 피드백을 하기에 앞서 자신이 상대의 이야기를 제대로 이해했는지 살필 필요가 있습니다. 완벽하게 이해했다는 확신이 없다면 섣불리 의견이나 평가를 내려서는 안 됩니다.

• Paul Swets, 《The Art of Talking So That People Will Listen》(New York: Simon & Schuster), 1992에서 인용.

올바른 피드백은 상대로 하여금 그들이 생각하고 느끼는 것의 '핵심'을 파악하도록 합니다. 만약 상대가 부족한 정보력으로 잘못된 가정을 했을 경우 피드백으로부터 도움을 받을 것입니다.

효과적인 피드백은 상대의 이야기를 단지 듣는 것뿐 아니라 주의 깊게 경청하고 있다는 메시지를 전달합니다. 또한 상대를 진심으로 이해하고 싶다는 마음을 전합니다. 피드백을 주고받으면 보다 가까운 유대를 맺을 수 있습니다. 다른 이에게 피드백을 통해 용기의 메시지를 전달하세요.

고무시키기 위한 메시지 던지기

간과하기 쉬운 경청의 기술 가운데 하나는 바로 '좋은 질문을 던지는 능력'입니다. 어떤 사람은 다른 이에게 질문함으로써 자신의 무지함을 드러내지 않을까 혹은 먹잇감이 되지 않을까 두려워합니다. 또, 어떤 사람은 대화 상대가 쉽게 떠올릴 수 없는 질문을 던지고 그가 어떤 대답을 할지에 집중합니다.

다음은 좋은 질문을 던지는 기술을 가지는 장점입니다.

1. 다른 사람이 나의 이야기에 귀 기울인다.
2. 다른 이들로부터 주목받을 수 있다.
3. 유대 관계를 맺고, 친구를 만들 수 있다.
4. 새로운 것을 배울 수 있다.

어떤 질문이 좋은 질문일까요? 다음은, 다른 사람에게 질문을 할 때 주의해야 할 사항입니다.

상대의 감정을 파악하기

만약 상대가 부끄럼을 타고 감정을 억누르는 유형이라면, 섣불리 압력을 넣지 말고 그에게 맞춰주는 편이 좋습니다.

목적을 분명히 하기

여론조사 기관인 갤럽의 총책임자 조지 갤럽은, 누군가에게 질문을 던지면 상대는 이런 생각을 한다고 말합니다.

'왜 그걸 알고 싶어 하지?'

단순히 정보 수집 차원에서 질문하는 것이라도, 상대에게는 이렇게 말할 수 있습니다.

"당신의 발전을 돕기 위해 물어보는 것입니다. 다음 달 판매 목표액은 얼마입니까?"

쉽게 대답할 수 있는 질문부터 시작하기. 그다음 상대방의 생각이나 꿈을 알아볼 수 있는 열린 질문 던지기

"우리 강연이 마음에 들었나요?"

위의 질문에 대한 대답은 "네." 또는 "아니요."로 충분합니다. 이 같은 질문 유형은 간단명료한 답을 얻을 때 사용합니다. 그럼 다음의 질문은 어떨까요?

"강연에서 어느 부분이 제일 좋았나요?"

이는 열린 질문입니다. 보다 상세한 물음을 통해 앞의 질문보다 더욱 도움이 될 만한 정보를 얻을 수 있습니다.

팀원으로 하여금 꿈을 꾸고, 꿈을 향해 적극적으로 나아가게 하는 데 다음의 질문은 얼마나 도움이 될까요?

- 지금 하고 싶었던 일을 하고 있나요?
- 앞으로 어떤 일을 하고 싶은가요?
- 올해 변화하고 싶은 삶의 부분이 있나요? 내가 어떤 도움을 줄 수 있을까요?
- 삶의 어느 부분에서 어려움을 느끼나요? 어려움을 극복하는 데 내가 어떤 도움을 줄 수 있을까요?
- 그 외, 올해 내게 응원과 지지를 얻고 싶은 부분이 있나요?
- 당신의 강점 3가지를 말해 보세요. 당신이 강점을 최대치로 발휘하는 데 내가 어떤 도움을 줄 수 있을까요?
- 올해 어떤 부분에서 발전하고 싶은가요? 도움이나 조언이 필요한가요?
- 당신의 일생의 꿈은 무엇인가요?
- 꿈을 향해 적극적으로 나아간다면 당신의 삶에 어떤 변화가 일어날까요?

위의 질문을 통해 팀원에게서 솔직하고 의미 있는 답변을 듣기 바란다면 리더는 평가하려는 자세를 버려야 합니다. 또한 팀원에게 정보를 유용하지 않겠다는 신뢰를 심어주고, 편한 마음으로 질문에 임할 수 있게끔 믿음을 주어야 합니다.

경청함으로써 상대의 사기를 북돋울 수 있습니다. 열린 마음으로 대화를 나누고 서로의 말에 경청하는 것은 효율적인 팀워크뿐 아니라 우정을 위해서도 무척 중요합니다.

마음 탐구

1. 1~10의 척도로 경청가로서의 당신을 평가한다면 몇 점을 주겠습니까?

2. 1~10의 척도로 경청가로서의 팀원을 평가한다면 몇 점을 주겠습니까?

3. 경청의 기술을 계발하려면 어떤 노력이 필요할까요?

   □ 경청하는 데 방해가 되는 장해물 극복하기

   □ 원활한 대화를 위한 열린 질문하기

   □ 명확성을 위해 질문하기

   □ 고무적인 질문 던지기

쌓기

넘어질 때 일으켜주어라. 무릇 인간이란 실수도 하게 마련이다. 누군가
공을 떨어뜨리는 것을 보았다면 그가 다시 게임에 합류할 수 있도록 독려하라
—팻 윌리엄스*

다른 사람의 능력을 계발하는 데 얼마나 능통한가?

'계발하다'는 뜻의 'Edify'는 '구성물' '체계' 등을 뜻하는 'edifice' 혹은 'building'과 같은 어원에서 비롯되었습니다. 이는 강인함과 안정의 이미지를 전해주기도 합니

누군가의 능력을 계발한다는 건
그 사람의 존재를 다른 이에게
각인시킴을 뜻하기도 하지만,
그보다 더욱 중요하게는
그 사람의 마음에 무언가를
각인시키는 일이기도 하다.
—밥 버그*

---

* Pat Williams, 《How to Be Like Rich DeVos》(Deerfield Beach, FL: Health Communications), 2004.

* Bob Burg, 《Winning Without Intimidation》(Mechanicsburg, PA: Executive Books, 2005), 84.

다. 이번 장에서는 팀원의 능력을 계발하고 그들을 고무시켜 다시 본게임에 투입시키는 3가지 방법을 소개하고자 합니다.

팀원의 능력을 계발하는 데는 아주 짜릿한 기쁨이 따릅니다. 또한 팀원에게 강인한 능력을 심어주는 일에는 깊이 있는 만족감이 따를 것입니다. 팀원이 적과 상대해 승리를 거둔다면 마치 내가 이긴 것처럼 기쁠 것입니다.

자신감 쌓기

팀원을 독려하는 첫 번째 방법은 그들이 자신감을 쌓게 하는 일입니다. 당신은 주위에 아낌없이 응원해주는 이가 있나요? 힘든 시기가 닥칠 때마다 곁을 지키며 지지하고 격려해주는 이가 있나요? 사람에게는 적어도 한 명은 나를 응원하고 격려해주는 사람이 필요합니다. 곁에 나를 지지하는 사람이 있다는 것만으로 그의 존재는 큰 의미를 지닙니다. 만약 팀에 이러한 사람이 있다면 그로 인해 드림팀이 만들어질 수도 있습니다.

그렇다면 나는 누군가에게 힘이 되어주고 있을까요? 팀을 승리로 이끄는 훌륭한 리더는 만나는 모든 이를 지도하고, 안내하고, 솔직하게 비판하고, 열성으로 지지해야 합니다. 팀원 또한 언젠가 리더가 될 수 있도록 그에게 경청하고 적응하고 발전하는 방법을 가르쳐야 합니다. 팀원이 보다 성과를 낼 수 있도록 도움으로써 그의 자신감을 향상시킬 수 있습니다.

올랜도 매직 팀의 구단주이자 알티코의 창업자인 리치 디보스는 대표적인 응원가형 리더입니다. 리치의 인상적인 전기에서 팻 윌리엄스는 릭 피들러의 일화를 인용했습니다.

"1983년 9월 14일, 20대 후반의 젊은 비행사였던 나는 암웨이의 중역 4명을 태우고 시카고에서 그랜드래피즈까지 시코르스키 S76 헬리콥터를 운행 중이었다. 비행 중 갑자기 꼬리 회전날개에 문제가 생겼고, 결국 미시간 호수에 불시착하게 되었나. 해 길 무렵 우리는 구명조끼에 의지해 12도의 차가운 물 위에 동동 떠 있어야 했다. 1시간 뒤 우리는 해안경비대에 발견되어 시카고 구조 본부로 무사히 이송되었다.

한편 리치는 플로리다에 있는 그의 집에서 막 저녁 식사를 하려던 찰나에 우리의 사고 소식을 들었다. 그는 당장 해안경비대에 전화해 구조를 요청했고, 우리가 무사히 발견되기까지 전화기를 손에서 놓지 않았다. 우리가 시카고 구조 본부에 도착했을 때 누군가 내게 말했다.

'전화가 와 있어요. 어떤 남자분이 벌써 한 시간째 기다리고 있습니다.'

나는 전화를 받았다. 리치였다. 그는 우리를 위해 줄곧 기도하고 있었노라고, 이제 안전하니 마음이 놓인다고 말했다. 다음 날 그는 플로리다에서 미시간으로 날아왔다. 마침 격납고에 있는 내게 전화가 걸려왔다.

'디보스 씨께서 헬리콥터가 필요하시다네요. 암웨이 본사 앞에 계시다니 모시러 가세요.'

나는 사고 여파 때문에 헬리콥터를 조종하는 것이 두려웠지만, 간신히 회사 소유의 다른 헬리콥터에 올라 조종간을 잡았다. 본사에 도착하자 리치가 나를 기다리고 있었다. 나는 그를 태운 뒤 물었다.

'어디로 모실까요?'

그러자 그가 말했다.

'어디든 상관없어요. 그냥 드라이브 한번 합시다.'"[*]

> 자신감은 에너지를 불어넣고,
> 다른 사람이 앞으로 뻗어나가고
> 꿈 너머의 뭔가를 달성하도록
> 돕기 위해 위험을 감수하는
> 힘을 가진다.
> 승리하는 팀에 있어
> 연료와 같은 역할을 한다.
> —잭 웰치

이 일화를 읽고 나 또한 리치 디보스와 같이 사려 깊을 수 있을지 자문해 보았습니다. 과연 그처럼 세심하게 팀원을 돌볼 수 있을까요? 그날 리치 디보스의 응원과 격려는 릭 피들러의 마음에 오래도록 변치 않을 자신감을 각인시켰습니다.

---

[*] Williams, 《How to Be Like Rich DeVos》, 107~8.

희망 쌓기

팀원을 독려하는 두 번째 방법은 희망을 쌓게 하는 일입니다. 희망은 미래를 향해 뻗어나가는 기대와 같습니다. 희망은 매우 중요한 비전으로 삶을 이끌어줍니다. 희망은 꿈에 의해 활력을 얻습니다. 희망은 어둠 속에서도 전진하게 하는 힘입니다. 희망을 가진다면 어둠 끝에 새벽이 오리라는 것을 믿을 수 있습니다.

팀원들이 꿈을 결정할 때 그들 마음에 희망을 심어주어야 합니다. 실패를 똑바로 바라보도록 하고, 해결책을 찾도록 도우며, 계속 꿈꿀 수 있게끔 격려해야 합니다.

때로는 생각했던 대로 꿈이 결론 나지 않을 수 있습니다. 다윗 왕 역시 그와 같은 경험을 했습니다. 그는 자신의 영혼이 '절망에 빠지고', 할 수 있는 일이 아무것도 없었던 시기를 경험했습니다. 그때 그는 자신의 영혼과 대화를 나누었습니다.

'무엇 때문에 낙담하는가, 나의 영혼이여. 무엇이 그토록 나를 불안케 한단 말인가? 하느님 안의 희망, 나는 또다시 그를 추앙하나니. 나의 구원, 나의 하느님.'•

• 시편 42장 5~6절 참조.

팀원을 독려하는 세 번째 방법은 그들과 돈독한 관계를 쌓는 일입니다. 리더의 능력은 팀원과 맺고 있는 관계의 강도에 달려 있습니다. 허먼 밀러의 전 CEO이자 리더십 분야의 베스트셀러 작가인 맥스 디프리는 리더와 팀원의 관계를 다음과 같이 설명했습니다.

"공식적이든 비공식적이든 모든 일이 팀워크를 통해 완성된다는 사실을 인지하는 것이 중요하다. 우리는 각자 자신만의 것이 아니다. 모든 사람은 가족, 의회, 사업상의 사회적 의무의 둘레 안에서 살고 있다. 서로 팔짱을 끼고 긴밀히 유대해야 한다."•

이 책의 저자인 폴 스웨츠는 저서 《사람들이 경청하도록 말하는 말하는 기술》••에서 '긴밀한 유대 관계' 쌓기에 대해 다음의 10가지 실천 사항을 이야기했습니다.

1. 친구가 되기

직장에서 친구를 찾기 원한다면 먼저 동료에게 다가가 친구가 되어주어야 합니다. 원하는 친구의 자격을 적어 보세요. 그 다음 나는 그러한 자격을 갖추고 있는지 자문해 보세요.

• Max De Pree, 《Leadership Jazz》(New York: Dell Publishing, 1992), 22.

•• Paul Swets, 《The Art of Talking So That People Will Listen》(New York: Simon&Schuster, 1992), 131.

2. 의미 있는 팀의 만족, 안정, 발전을 위해 최선을 다하기

인간은 자신에게만 집중하는 본성을 지니고 있기에 팀을 위해 최선을 다하는 일은 결코 쉽지 않습니다. 그럼에도 이 같은 마음가짐이 팀원 간에 퍼진다면 서로 간에 신뢰가 쌓이며 돈독한 유대 관계를 맺고, 자유롭게 의견을 주고받으며 창의성을 발달시킬 수 있습니다.

3. 관계 형성을 위해 기꺼이 시간을 내기

꿈만 보고 달려가다 보면 그 외의 나머지 삶의 부분에는 소홀하기 쉽습니다. 특히 팀원 혹은 가족에게 더욱 그러합니다. 한 연구는, 결혼한 부부가 대화를 나누는 시간은 1일 평균 27분이고, 텔레비전을 보는 시간은 1일 6시간 이상이라는 결과를 보고했습니다. 돈독한 관계를 위해서는 무엇보다 서로에게 시간을 투자할 필요가 있습니다.

4. 팀원의 독특함 존중하기

나와 비슷하게 생각하고 행동하고 느낀다면 좋겠지만 모든 사람이 나와 같을 수는 없습니다. 진정한 유대란 서로 간의 차이를 받아들이고 존중하는 것입이다.

5. 팀원에게 평가, 비난하지 않기

세상에 완벽한 사람은 존재하지 않습니다. 만약 누군가를 지적하고 비난한다면 나 또한 똑같은 일을 당할 수 있음을 잊어서는 안 됩니다. 서로 평가하고 비난하기보다 지지하고 격려하는 태도로부터 긍정의 분위기가 조성될 것입니다.

6. 칭찬하기

보복의 악순환은 자연스럽게 진행됩니다. 다른 이가 내 마음을 아프게 했다고 나 역시 그의 마음을 아프게 하고, 그가 내게 나쁜 말을 한다고 나 역시 똑같이 되돌려주려고 한다면 그와는 절대 바람직한 관계를 맺을 수 없습니다. 보복을 하기보다는 진정한 칭찬의 말 한마디를 활용해 보세요.

"당신의 생각이 마음에 들어요."

"당신의 마지막 말에 열정이 넘치고 힘이 느껴지네요."

"잘하고 있어요. 곧 좋은 결과가 있을 것 같아요."

"당신과 함께 있으면 즐거워요. 우리는 진정한 친구입니다."

"당신은 다른 사람의 삶을 변화시키고 있어요."

7. 상대의 생각이나 감정에 주의를 기울여 답변하기

자신의 감정이 그 어떤 평가 없이 있는 그대로 받아들여지면 사람들은 변화에 대한 강한 동기가 일어납니다. 평소 팀에 불만을 품고 있는 사람이 있다면 그에게 가서 이야기를 들어주세요. 그리고 왜 그의 마음에 불만이 자리 잡게 되었는지 속사정을 이해하고 받아들여준다면 그는 문제에 대한 해결책을 찾아갈 것입니다.

8. 이해받기보다는 이해하려고 노력하기

이해한다는 것은 곧 상대의 '입장'에 서서 생각하는 것을 뜻합니다. 그 사람의 '처지'에서 그의 시선으로 현실을 바라보는 것입니다. 현실은 나만의 틀에 맞춰져 비치기에 그의 시각을 완전히 이해하기란 불가능하지만 가까이 다가갈 수는 있습니다. 다른 사람의 관점에서 그의 절망이나 즐거움을 보려고 노력하면 상대 역시 나를 이해하기 위해 마음을 열 것입니다.

9. 건강한 관계에 장해가 되는 장벽 허물기

갈등은 대개 비슷하게 발전합니다. 서로 의견이 부딪히고, 적대적인 말이 오가며, 점차 심리적 거리감이 생기고, 결국 서로의 마음을 다치게 합니다. 이러한 틀은 팀에 4가지 기준을 세움으로써 변화를 줄 수 있습니다.

1. 소리 지르기, 모욕하기, 거짓말하기, 사기 치기, 욕하기, 지나간 일 들추기 등 피하기
2. 상대의 입장에 서서 그의 감정을 먼저 생각하기
3. 이기려고 하기보다 유대를 위해 무엇을 할지 생각하기
4. 내가 잘못한 일이라면 있는 그대로 인정하기

10. 치유의 질문 던지기

팀원 간의 관계에 갈등이나 균열이 발생했을 때 분위기를 전환하기 위해 이러한 말을 해 보는 건 어떨까요?

"이러한 상황을 초래한 데는 내게 일부 책임이 있습니다. 나의 잘못을 용서해주겠습니까?"

모든 원인이 나에게 있다고 인정하는 것은 아니지만 어느 정도 원인이 있음을 말하는 것입니다. 누구의 잘못이 더 큰지 따지는 것은 팀을 막다른 길로 몰아가는 것이나 다름없습니다. 진심을 담아 위와 같은 말을 한다면, 서로 간에 쌓인 마음의 장벽이 눈 녹듯 사라질 것입니다.

긴밀한 연대란 위의 10가지 사항이 이행되었을 때 형성될 수 있습니다. 한번 맺은 돈독한 관계는 시간이 흐를수록 깊이가 더해지며 모든 팀원에게 자신감과 밝은 희망을 불어넣고, 팀원 사이에 서로 지지하고 응원하는 분위기를 조성할 것입니다.

마음 탐구

1. 팀원에게 자신감을 심어주기 위해서 무엇을 해야겠다는 생각이 들었나요?

2. 팀원에게 희망을 불어넣기 위해 무엇을 할 건가요?

3. 10가지 사항 중 당신의 팀에게 가장 시급한 것은 무엇인가요?

승리하기

리더로서의 역할은 상상하는 것 이상으로 중요하다
사람들이 승자가 되도록 도울 수 있는 힘을 지녀야 한다
―켄 블랜차드

삶에서 어떻게 승리할 것인가?

잭 웰치는 저서 《위대한 승리》에서, 조직을 운영하는 효과적인
방침을 세웠다고 자부한다면 일반적으로 다음의 질문에 답할 수
있어야 한다고 말했습니다.

"이 분야에서 어떻게 승리를 거둘 것인가?"•

꿈을 만드는 데는 사업적 관점도 필요하지만, 이 책에서는 31
일간 광범위한 질문에 매달려 왔습니다.

• Jack Welch, 《Winning》(New York: Harper Collins, 2005), 14.

"삶에서 어떻게 승리를 거둘 것인가?"

꿈을 좇는 과정에서 승리함으로써 삶에 어떠한 변화가 일어날 까요? 꿈은 삶의 전반에 영향을 미칩니다. 꿈은 삶 전체에 에너 지를 불어넣고, 그 힘은 대단한 위력을 발휘합니다. 꿈을 꾸고 삶에서 승리함으로써 나타나는 모든 변화는 나 자신으로부터 비 롯됨을 기억하기 바랍니다.

개인적으로 승리하기

승리를 얻기 위해서는 적을 물리쳐야 하는 투쟁의 과정을 이겨 내야 합니다. 꿈을 좇는 과정에서 승리하고, 다른 사람 또한 승 자가 되도록 돕는 일은 결코 쉽지 않습니다. 어리석은 자는 물 론 자기중심적인 사람은 불가능한 일입니다. 변화와 성장의 단계 를 밟지 않는 사람도 불가능합니다. 승리하려면 끊임없이 훈련하 고 생각하며, 실천해야 합니다.

게임에서의 승리는 순간이지만, 삶에서의 승리는 영원하다.
―토니 던지
(인디애나폴리스 콜츠 감독)

아무리 강인한 사람이라도 위대한 가치를 좇는 일에 있어 실 패할 수 있습니다. 실패는 보다 나은 모습으로 발전하기 위한 발 판이기에 기쁜 마음으로 받아들여야 합니다. 경쟁 역시 보다 나 은 실력을 갖추는 데 도움이 되기에 열린 마음으로 맞아야 합니다. 비판 역시 신중하게 귀담아들어 거기서 가치 있는 통찰력을 얻고, 미처 생각지 못한 점을 깨달아야 합니다.

개인적으로 승리한다는 것은 곧 실패했을지라도 자리를 박차고 일어나 다시 한번 도전하는 것을 뜻합니다. 다시 일어나서 좀 더 강인해진 모습으로 살아갈 준비가 되었나요?

개인적으로 승리함으로써 다음과 같은 결과가 돌아옵니다.

- 인격적으로 성장할 수 있다.
- 미래를 낙관할 수 있다.
- 사랑하는 사람과 보다 많은 시간을 보낼 수 있다.
- 돈 걱정에 시달리지 않는다.
- 세계관을 넓히고, 다른 이의 삶을 풍요롭게 만들 수 있다.
- 자신에게 중요한 일을 하는 데 있어 에너지가 넘친다.
- 하루하루를 선물로 여기며 살아갈 수 있다.•

팀으로 승리하기

책의 전반에 걸쳐 강조한 주제 중 하나가 바로 '나의 개인적인 꿈을 통해 다른 사람의 삶도 향상시킬 수 있다'는 것이었습니다.

• Pat Williams, 《How to Be Like Rich DeVos》, 103.

특히 함께 꿈꾸고 일하는 동료에게 긍정적 영향을 미칠 수 있습니다. 월트 디즈니는 세상에는 다음과 같은 세 부류의 사람이 있다고 했습니다.

독살하는 사람 다른 이를 끌어내리고, 창의성을 비판하며, 다른 이는 할 수 없다고 말하는 사람.

잔디 깎는 사람 자신이 필요한 것만 실천하고, 자신의 잔디밭만 깎으며, 자신의 영역에서 결코 벗어나지 않는 사람.

삶을 풍요롭게 만드는 사람 다른 사람의 삶을 풍요롭게 하는 데 힘쓰고, 다른 이를 응원하고 독려하는 데 정성을 쏟는 사람. 디즈니는 세 번째 부류의 사람이 되고자 했으며, 이러한 사람들을 가까이 두었습니다.

꿈을 이루기 전에는 다른 이들로부터 100퍼센트 신뢰를 얻지 못합니다. 특히 리더가 꿈을 실현하지 못한 상황에서 팀원은 자신이 무엇을 하고, 하지 말아야 하는지에 대한 리더의 판단을 전적으로 믿지 못합니다. 하지만 리더가 성공을 거둔다면 그의 판단을 신뢰하게 됩니다.

나는 줄곧 내 멘토의 판단에 대해 의심했습니다. 이를테면 '정말 그게 맞을까? 내가 할 수 있을까? 효과가 있을까?' 하는 것이었습니다. 그런 와중에 멘토가 성공하는 모습을 지켜보았고, 그 뒤로는 자신감을 가질 수 있었습니다. 성공한 멘토가 나의 성공을 이야기하는 것을 믿게 되었습니다. 또한 나의 성공은 고스란히 나의 신용이 되었습니다.

마찬가지로 당신이 꿈을 이룬다면, 팀원 역시 당신이 사용한 원칙과 실천을 토대로 자신의 꿈을 이룰 힘을 얻을 것입니다.

국내외에서 성공하기

보통의 사람이라면 자신이 국내외에 긍정적으로 기여할 일이 없으리라 여길지 모릅니다. 국내외 사정에 내가 관여할 수 없으며, 나의 꿈과도 상관없다고 말입니다. 만약 당신 역시 마찬가지라면 잠시만 다시 생각해 보세요.

오늘날 사람들은 전 세계적으로 좋은 영향을 미칠 인물을 필요로 합니다. 지금의 풍토를 변화시킬 만한 인물이 절박합니다. 세계는 어려움에 처해 있기에 누군가 나서야 할 시기입니다.

물론 한정된 이웃 안에서 조용히 사는 편이 훨씬 쉽습니다. 한정된 꿈을 좇고, 세상 일 따위에 관심을 끊은 채 안전한 몇몇 친구와 어울리며, 전 세계적으로 활동하리라는 야망을 억누르고 세계의 일원이라기보다 소규모 공동체 구성원으로서 정체성을 유지하는 일이 보다 편합니다.

당신이 이 책에서 제시한 꿈의 단계를 그대로 좇았다고 가정해봅시다. 삶을 성공적으로 향상시키고, 다른 사람의 삶에도 긍정적인 영향을 미쳤다고 상상해 봅시다. 팀원이 나의 비전을 좇아서 꿈을 성취하려고 한다면 어떻게 하겠습니까? 나의 영향력으로 인해 삶이 극적으로 변화한 사람들이 모여 이 세상에 어떤 차이를 만들어낼 수 있을까요? 자, 이제 당신의 꿈의 크기를 따져볼 차례입니다.

세상은 무척 복잡하고 궁핍합니다. 내가 세계의 구원을 위해 세세한 것 하나까지 전부 다할 수는 없지만 나의 능력 안에서 해낼 수 있는 몇 가지의 일이 있다면 진정 그것을 거부할 것인가요? 이를테면 다른 사람들에게 전달할 수 있는 경청의 기술이라든가, 다른 사람을 격려하고 승리로 이끌 수 있는 비장의 기술을 지니고 있다면 그것을 더는 발전시키지 않겠습니까? 누군가에게 멘토 혹은 후견인이 되어 지금껏 배우고 경험한 것을 나눠주지 않겠습니까? 세계 곳곳의 문제에 나의 시간과 돈 혹은 능력을 나누지 않겠습니까? 의학적 지원, 재난, 기아, 에이즈, 말라리아 그리고 충분히 예방 가능한 수백 가지의 질병에 걸려 고통받고 있는 사람들과 함께 싸워주지 않겠습니까?

매년 800만 명의 사람이 빈곤으로 죽음을 맞이합니다. 우리는 이러한 비극을 막을 수 있습니다.[*] 우리는 세계의 잔혹한 현실을 무시할 수도, 변화시킬 수도 있습니다.

소심하고 편협한 사고 혹은 지나친 욕심과 직면했을 때 공포에 떨거나 두려워하지 않기를 바랍니다. 세계의 이기적인 풍토와 고통받는 사람들을 해방시키는 데 한몫하지 않을 이유가 무엇이 있을까요. 꿈을 크게 키우세요.

왕관 차지하기

가장 큰 논쟁거리 중 하나가 '지적 창조' 여부입니다. 지적 창조란, 우주 만물이 지능적인 존재에 의해 창조되었다는 이론을 말합니다. 세상은 설계에 의해 창조된 걸까요 아니면 우연히 만들어진 걸까요? 답변에 따라 과연 어떤 차이가 발생할까요?

일부 과학자는 지적 창조가 맞는다면 설계자의 존재 역시 받아들여야 한다는 이유로 이 이론을 인정하길 두려워합니다.

천문학자 프레드 호일은 이렇게 말했습니다.

"최고의 지성은 물리학은 물론 화학, 생물학을 자유자재로 갖고 놀았다."[**]

---

[*] 〈Time〉, 2005년 3월 14일, 44~45.

[**] Fred Hoyle, 《Home is Where the Wind Blows》(Sausalito, California: University Science Books, 1994), 16.

폴 데이비스는 《우주의 청사진》에서 이렇게 결론내렸습니다.

"물리학의 법칙은 (……) 그 자체로 굉장히 정교하고 독창적인 설계인 듯 보인다. 그 이면에 무언가 자리하고 있다는 강력한 증거를 나는 느낄 수 있다 (……) 누군가 우주를 창조하기 위해 생태계를 정교하게 매만진 듯한 느낌이다 (……) 이러한 설계가 주는 인상은 가히 압도적이다."*

이들과 반대 입장에 선 과학자들에게도 분명 그들만의 근거가 있을 것입니다. 하지만 잠시 생각해 봅시다.

만약 정말 설계자가 존재한다면?

설계자가 개개인의 삶 역시 설계하는 것이라면?

각 영혼은 불멸의 존재이고, 중요하게 간주되는 궤도를 단 하나의 영혼이 변화시킬 수 있다면?

만약 그렇다면 우리가 세계를 위해 기도하는 것이 정녕 선택 사항이 될 수 있을까요? 세계와 삶에 대한 이러한 관점은 사도 바오로에게도 영향을 미쳤습니다. 그는 이렇게 말했습니다.

"나는 내 뒤에 있는 것을 잊어버리고 앞에 있는 것을 향해 내달리고 있습니다……."**

---

* Paul Davies, 《The Cosmic Blueprint》(Conshohocken, PA: The Templeton Foundation Press, 2004), 203.

** 빌립보서 3장 13~14절.

당신에게 있어 승리의 목표는 무엇인가요?

삶의 끝자락에 도달했을 때 당신이 획득할 상은 무엇일까요?

가족, 자녀, 친구 그리고 팀원에게 무엇을 남길 수 있을까요?

나는 훌륭히 싸웠고,
달릴 길을 다 달렸으며
믿음을 지켰습니다.
이제는 의로움의 면류관이
나를 위해 마련되어 있습니다.
-사도 바오로[*]

당신은 **큰 꿈을 꾸고** 있습니까?
큰 꿈을 가진 사람을 북돋우고 있습니까?

마음 탐구

1. 이 책을 마치며, 당신의 마음속에는 어떤 꿈이 자리 잡게 되었나요?

2. 큰 꿈을 지속하기 위해 어떤 계획을 세울 건가요?

3. 꿈을 좇기 위해 어떤 행동을 취할 것인가요?

---

[*] 디모데후서 4장 7~8절.

정말 유용하다! 이 책을 읽으며 지난 삶을 되돌아보게 되었다. 나는 이미 꿈을 잃은 지 오래라는 사실을 깨달았다. 이 책은 내 꿈이 무엇인지 다시금 생각할 기회를 주었고, 그 꿈을 이루기 위해 어떻게 해야 하는지를 알려주었으며, 제2의 인생에 대한 수많은 가능성에 집중할 수 있도록 도왔다.

_ 사라 R. 헤이즐립(파이낸셜 플래너)

어렸을 때 우린 자주 이렇게 묻곤 했다. "커서 뭐가 되고 싶어?" 어른이 되어서도 우리는 그와 비슷한 질문을 스스로에게 던져야 한다. '5년 후에 나는 어떤 모습일까?', '10년 후에는?', '충분한 자본이 있다면 무엇을 하고 싶은가?', '돈 걱정 없이 살 수 있다면 무엇을 하며 지낼 것인가?' 등. 이 책은 읽는 이로 하여금 꿈에 대해 자문하게 한다. 가능성에 대해 생각하게 한다. 오직 아이들만의 것이라 믿었던 꿈의 세상을 마음껏 부유하게 한다.

_ 비벌리 프레이(크리스찬 브라더스 대학교 경영학 대학원 학장)

나는 꿈을 꾼다는 것은 일종의 한가한 노름에 지나지 않는다는 분위기 속에서 자랐다. 하지만 이제는 나 또한 꿈을 꿀 수 있다는 것을, 기쁜 마음으로 내 꿈을 좇을 수 있다는 것을, 다른 이들에게 꿈에 대한 영감을 불어넣을 수 있는 능력을 타고났다는 사실을 충분히 알고 이해하게 되었다. 20여 년 동안 나는 다음 세대의 지도자를 양성하고자 하는 꿈을 갖고 있었다. 그 꿈의 끝에서, 이 책의 단계별 성취 과정을 통해 내 일생의 꿈을 좀 더 명확히 설정하는 법과 다른 이들이 내 꿈을 진지하게 받아들이도록 하는 법을 배웠다. 이제 나는 단지 꿈을 꾸는 것이 아니라 그 꿈을 실현하는 방법을 알게 되었다.

_ 제프 마이어스(Passing the Baton International, Inc. 창업자)

굉장히 흥미로운 책이다! 이 책은 많은 이들로 하여금 자신의 꿈을 찾아 구체적으로 계획할 수 있도록 돕는다. 마치 누군가 옆에서 내 꿈을 독려하는 듯하다. 나는 목표를 달성하기 위한 지침서로 이 책을 사용하려고 한다. 나의 꿈을 향한 31일간의 여행은 크나큰 성공이 될 것이다.

_ 맥스 페인터(Medtronic Spine and Biologics 마케팅 디렉터)

이 책의 저자인 밥 비엘과 폴 스웨츠는 충만한 삶을 이끌어가려면 무엇이 필요한지에 대한 감성을 불러일으킨다. 그들은 무엇이 되고자 하는지, 무엇을 하고자 하는지, 무엇을 갖고자 하는지 또한 다른 이를 돕기 위한 방법을 모색하는 과정을 통해 어떻게 풍요롭고 균형 잡힌 삶으로 나아갈 수 있는지 명확한 방향을 제시한다. 조직 안에서 조직원을 독려하고, 가치 있는 목표와 꿈을 향해 거침없이 나아갈 수 있도록 응원함으로써 자신의 꿈을 성취하려는 사람에게 특히 유용할 것이다.

_ 윌리엄 O. 다이어 박사(멤피스 대학교 산업심리학 교수)

이 책에서 제시하는 실질적인 실천 단계를 통해 내 삶의 목표를 다시금 떠올릴 수 있었다. 나는 지금 큰 꿈을 꾸고 있고, 그 꿈은 충분히 실현 가능하다는 것을 안다.

_ 론 맨(인터내셔널 뮤지션)

'되기', '하기', '갖기', '돕기' 목록은 나의 꿈, 지금껏 한 번도 그려본 적 없는 나의 미래를 명확히 볼 수 있도록 했다. 이 책이 내게 선물한 새로운 통찰력에 나는 지금 무척이나 들떠 있다. 많은 사람이 이 책을 꼭 읽어보길 바란다.

_ 매리엄 아야드 박사(멤피스 대학교 이집트학 교수)